2019年度教育部人文社会科学研究青年基金项目
"从个体到群体:中国设计师的产业价值研究"(19YJC760090)

2017年度教育部人文社科研究艺术学青年项目
"产业视野下的中国设计组织研究"(17YJC760101)

设计师的力量

中国设计师的产业价值

DESIGNER

孙虎 武月琴 著

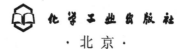

·北京·

内容简介

在设计产业发达的国家，诸多设计事务所名称本身就是设计师的姓名，诞生于欧美国家的设计作品几乎都能查到设计师的详细信息，除了跟知识产权意识有关，也说明了设计师在社会中的显性地位及其价值。但在我国，相比较其他产业，设计产业还显得非常弱小，在主流的各种产业链中，设计和设计师的话语权还没有得到与其重要性相称的重视和尊重。

本书以设计师为研究对象，梳理了设计师职业的发展及分类，通过一线设计师的访谈了解设计师在设计产业中的作用、地位与相互关系，能够帮助读者了解中国的设计发展史，认识中国的设计师与设计作品在产业价值中的作用，延伸设计产业的理论深度，为未来中国设计产业的研究做出贡献。

图书在版编目（CIP）数据

设计师的力量：中国设计师的产业价值/孙虎，武月琴著．—北京：化学工业出版社，2020.11（2022.2 重印）
ISBN 978-7-122-37708-1

Ⅰ．①设⋯　Ⅱ．①孙⋯②武⋯　Ⅲ．①设计师-研究-中国　Ⅳ．①K825.72

中国版本图书馆CIP数据核字（2020）第170794号

责任编辑：孙梅戈　邹　宁　　　　　　　装帧设计：王晓宇
责任校对：李　爽

出版发行：化学工业出版社（北京市东城区青年湖南街13号　邮政编码100011）
印　　装：北京虎彩文化传播有限公司
710mm×1000mm　1/16　印张12　字数188千字　2022年2月北京第1版第3次印刷

购书咨询：010-64518888　　　　　　　　售后服务：010-64518899
网　　址：http://www.cip.com.cn
凡购买本书，如有缺损质量问题，本社销售中心负责调换。

定　　价：78.00元　　　　　　　　　　　　　　　　版权所有　违者必究

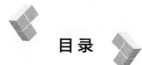

目录

001　　绪论

第 1 章
005　　什么是设计

1.1　设计溯源　/ 006
1.2　设计是艺术创作　/ 010
1.3　设计是人工科学　/ 012
1.4　设计就是解决问题　/ 013
1.5　设计是人造事物的灵魂　/ 014
1.6　设计是有价值的经济活动　/ 015

第 2 章
019　　谁能成为设计师

2.1　人人都是设计师　/ 020
　2.1.1　设计泛化的好处　/ 021
　2.1.2　设计师泛化的缺陷　/ 023
2.2　职业设计师　/ 024
　2.2.1　劳动分工促使职业设计师出现　/ 025
　2.2.2　职业设计师的最初来源　/ 030
2.3　如何成为职业设计师　/ 034
　2.3.1　专业技能　/ 035
　2.3.2　形成思维　/ 039

2.3.3 强化实践，终生学习 / 041

2.4 设计师的职能及责任 / 044

第3章
049 行业中的设计师及设计师群体

3.1 设计师的分类 / 050

3.1.1 按照供职机构的属性分类 / 050

3.1.2 按照设计行业的领域横向分类 / 052

3.1.3 按照设计职位的层级进行职业的纵向分类 / 053

3.1.4 以设计人员价值呈现方式的不同进行分类 / 055

3.1.5 以设计人员工作方式及思考侧重点的不同进行分类 / 057

3.2 20世纪设计职业在中国的形成 / 059

3.2.1 进步文人从事设计 / 059

3.2.2 艺术家走向实用美术（工艺美术） / 063

3.2.3 从建筑师走向设计 / 066

3.2.4 从产业工人到设计师 / 068

3.2.5 手工艺行业的学徒转型为设计师 / 069

3.2.6 从工程师到设计师 / 071

3.3 设计师群体 / 073

3.3.1 设计教育与研究机构 / 074

3.3.2 设计师群体与无名设计 / 074

3.3.3 非营利性设计机构 / 075

第4章
077 设计师谈设计

4.1 独立设计师谈设计 / 078

4.2 企业设计师谈设计 / 084

4.2.1 访谈一：何育金 / 084

4.2.2 访谈二：王建华 / 090

4.3 公司设计师谈设计 / 092

4.4 管理型设计师谈设计 / 099

4.4.1 访谈一：熊松 / 099

4.4.2 访谈二：蒋超 / 105

4.5 创业型设计师谈设计 / 108

4.5.1 访谈一：赵璧 / 108

4.5.2 访谈二：魏长文 / 112

第5章
设计产业与工匠精神

5.1 设计产业 / 119

5.1.1 产业 / 119

5.1.2 设计产业 / 121

5.2 工匠精神 / 130

5.2.1 西方的工匠 / 131

5.2.2 日本的工匠 / 133

5.2.3 中国的工匠 / 133

5.3 设计产业视野下的工匠精神 / 134

5.3.1 发展逻辑下的工匠精神 / 135

5.3.2 设计产业视野下的工匠精神 / 138

5.3.3 狭义和广义的"工匠精神"解读 / 139

5.3.4 微观与中观层面的"工匠精神"解读 / 139

5.4 从第二次世界大战后德国设计的崛起看"工匠精神" / 141

5.4.1 第二次世界大战前德国设计的发展概述 / 142

5.4.2 第二次世界大战后的德国设计 / 144

5.4.3 第二次世界大战后德国设计崛起的影响因素 / 146

5.4.4 对中国设计产业发展的启示 / 147

第6章
150 设计师的产业价值

6.1 产品创新的两翼：科学技术与工业设计 / 155

6.1.1 科学技术 / 155

6.1.2 工业设计 / 156

6.1.3 产品创新的思考：科学技术是基础，工业设计是方法 / 157

6.2 设计驱动品牌创新 / 162

6.2.1 设计师的主要职责——产品品类创新 / 163

6.2.2 设计师推动产品品质的提升 / 163

6.2.3 以设计为核心的品牌塑造 / 165

6.3 以设计思维为主线的企业管理 / 168

6.4 以设计为核心的产业链价值创新 / 170

6.5 设计师价值反思 / 172

6.5.1 商业语境中的设计活动 / 172

6.5.2 设计活动与设计物的价值 / 174

6.5.3 设计师职能转变 / 176

179　后记

180　参考文献

绪 论

在设计产业发达的国家，诸多设计事务所的名称直接使用设计师个人的姓名，因此诞生于欧美国家的设计作品几乎都能查到设计师的详细信息，这一现象除了跟知识产权意识有关，也说明了设计师的显性地位及价值。欧美国家和日本、韩国等设计产业较发达的国家，一直致力于明星设计师的打造，设计师的能力在各种形式的宣传推广和业务承接中也得到了进一步提升。

欧美国家的艺术学研究侧重于艺术家与作品的影响，因而，欧美国家关于设计的学术研究聚焦于设计师及其作品。在精英主义倾向的助推下，对设计师个体与群体的关注几乎伴随着整个西方现代设计的研究中。西方设计史的论著几乎都是围绕设计师来构建的，如英国设计史学家尼古拉斯·佩夫斯纳（Nicolas Pevsner）的《现代设计的先驱》（*Pioneers of Modern Design*，1936）就是关于设计精英人物的历史构建，瑞士设计史学家西格弗莱德·吉迪恩（Sigfried Giedion）撰写的《机械化掌控》（*Mechanization Takes Command*，1948）是无名设计史，更多是一种隐藏在技术背后的设计师集体主义动向。美国教授大卫·瑞兹曼（David Raizman）的《现代设计史》（1997）象征着设计师在设计史上的荣耀回归，也代表了设计师产业地位的再次提升。由于起步不一，从设计产业的生命周期来看，中外设计产业处在不同的发展阶段。在欧美国家的学术研究中，有组织的群体设计师（即设计机构等）是20世纪80年代的研究热点。美国设计历史学者克莱夫·迪尔诺特（Clive Dilnot）在《设计史的状况》（1984）中就指出，设计行业和相关组织是设计历史研究的四个重要领域之一。设计史学家约翰·赫斯科特（John Heskett）的《工业设计》（Industrial Design，1980）、乔纳森·伍德姆（Jonathan Woodham）的《工业设计师与公众》（Industrial Designers and the Public，1983）、彭妮·斯帕克（Penny Sparke）的《设计顾问：产业中设计师的历史与实践》（Consultant Design: the History and Practice of the Designer in Industry，1983）等都把设计组织的材料作为核心证据，之后才把研究延伸到技术史、制度研究以及消费者或设计采购和设计受众群的研究。乔纳森·伍德姆在后来的著作《20世纪的设计》（20th Century Design，1997）中以多个议题为章节划分的各部分都有对设计师群体的介绍，并有专门章节对设计职业做了价值与产业作用的探讨。盖伊·朱利耶（Guy Julier）在《设计的文化》中，从设计生产、设计师与设计消费的关系剖析设计文化的生成，认为以设计师为主的设计组织首先得到了社会历史学家和经济学家的关注，其主要原因就在于设计师是产品生产及经济发展的桥梁，同时对设计伦理产生了深远的影响。

相比较而言，国外对设计师在产业中的作用认识和职能划分等文献较丰富，其中英国教授奈杰尔·克罗斯（Nigel Cross）在1982年首次明确提出"设计师式认知"这一概念。"设计师式认知"不仅肯定了设计师的产业价值，还将最具贡献的部分总结为设计思维，掀起了社会各界对设计思维的认识。美国设计师迈克尔·洛克（Michael Rock）在《平面作者论》（Graphic Authorship，1996）中分析了三种现有的设计作者的模式：作为翻译、演员、导演的设计师，对设计师除了设计生产以外的其他职能做了充分肯定。总而言之，国外关于设计师的学术研究，主要集中在设计历史与设计管理研究两大板块，反映了从实践到理论的内部需求，这样自下而上的研究具有极强的内生力。国外有关设计师个体与群体的研究特征主要有：第一，设计史研究的转向，由于欧美设计史研究相对完善，已完成关于设计师、设计作品与设计组织的基础研究，进而转向了更深层次的社会与文化研究；第二，国外关于设计管理的研究范围已经超越了生产企业层面的设计管理，也不仅仅是为了效率而总结的设计实践，已经扩大到设计机构、设计平台与创业型设计师的能力研究等。因此，设计师群体属性与范围也随着设计实践与产业发展逐渐发生了变化。

在我国，相比较其他产业，设计产业还显得非常弱小，在设计介入的各行业中，设计和设计师的话语权还没有得到与其重要性相称的重视和尊重。目前国内学者对设计产业的研究成果多是由外向内的视角，也就是从整体到部分的宏观探讨，由内向外的微观视角相对较少，尽管以个体设计师为主要对象的研究成果数量不算少，但几乎没有系统的本体研究。国内对设计师的研究大致可分为三类。

第一类，以个体设计师为研究对象。以个体设计师为研究对象，其实这些个体设计师多数是设计团队的领头人，在艺术设计领域对国内设计师的研究还相对较少。近几年在老一辈学者的呼吁与带领下，越来越多的学者开始关注中国本土设计师的研究，如设计先驱庞薰琹、陈之佛等，书籍设计师陶元庆、钱君匋，现代华裔设计师贝聿铭等。

第二类，以独立设计师为研究对象。实际上，独立设计师还没有进入我国学者的研究视野。

第三类，以群体设计师为研究对象。大部分现有研究是把设计师当作一种职业代称，辨析其社会职责、能力培养等。

这些研究均未聚焦于设计师个体与群体的关系、不同聚集形态的设计师的职能差异以及设计师的产业价值。

李立新教授曾指出："我国设计理论研究中，对某一位设计师或设计机构的研究很不平衡。对于中国自己的设计师与设计机构就更不了解了。"在我国的设计界，有这样一个奇怪的现象，众多从事设计专业学习与教学的"圈内人士"、甚至不热衷于设计理论的设计师们，对国外现代设计史上的人物耳熟能详，即使是当代的设计师们也几乎如数家珍，然而对中国设计历史的发展与设计人物则懵懵懂懂。究其原因，是由于已出版的国内外设计书籍中都会反复提到这些人物与团体。造成这种现象的原因，除了中国现代设计起步晚以外，还有缺乏足够的中国设计历史的研究，对中国设计的不自信，对设计人物的忽略，理论研究与设计实践脱节等。

近几年，设计在解决经济问题和实现美好生活方面，有着越来越重要的作用。作为设计活动的核心主体——设计师在产业中的价值，一方面取决于设计作品的产业价值，另一方面来自设计活动中的协同价值，也就是设计师工作的成果与过程直接影响着设计产业的活力。个体设计师因产业差异与服务方式不同，而形成了属性各不相同的群体，有的专注于一类行业，是大型企业设计团队的一员；有的从事各类不同物品的设计，供职于设计公司；有的提供与设计密切相关的服务，是平台型组织机构的一分子；也有的是创新团队的核心成员，更有不少设计师以自由职业者的身份在跨界领域取得了丰硕的成果。因此，个体设计师与群体设计师的职业状况与价值认同，在某种程度上反映着设计产业的发展状况，是设计产业竞争力的重要指标之一。

对设计师的研究属于设计产业组织的研究分支，是中国当代设计理论体系一部分，突出了设计学学科的实践性与时代性。美国设计史学者克莱夫·迪尔诺特（Clive Dilnot）曾指出，设计师和相关组织是设计史研究的重要领域之一。许平也提到设计行为是设计史展开过程中非常重要的组成部分。设计师作为设计产业活动的核心主体，针对设计师的研究是设计产业的本体研究，且设计师价值研究是设计产业竞争力研究的基础。因此，本书的意义不仅存在于设计学科与设计管理的理论体系层面，也存在于国家需求与产业发展的实际应用层面。重视设计师的研究，就是重视设计与设计产业，从产业发展视角认识设计与设计师。关于设计师个体与群体的深入研究，有利于提升职业设计师的理论素养与职业认知，为部分设计师提供职业成长思路。

目前设计产业、设计管理的书籍基本都是以工业企业为核心、以商业为目的的理论构建，缺少从不同职业设计师的叙述。由于产业聚集形态的不同、设计活动的属性不同、设计协作中的角色不同等多种原因，设计师具有多重身份与不同的价值。本书以个体设计师与群体设计师为研究对象，关注设计师在设计产业中的作用、地位与相互关系，本书的内容能够帮助读者了解中国的设计发展史，认识中国的设计师与设计作品，弥补当前设计史书籍中中国设计不足的缺陷，延伸设计产业的理论深度，并提供新的教学资源，为未来中国设计产业的研究做出贡献。

第1章

什么是设计

想要了解设计师，必须先认识设计。

设计，在现代生活中是一个热词，如"设计感""时尚设计""创意设计"等经常出现在人们的生活中，好像沾上设计的边、用上设计这个词就意味着"时尚""个性""热销"等。但这并不代表大众了解设计，甚至某种程度上可以说是一种曲解。

正是由于公众缺乏对设计的基本认知，设计从业者们总会被问"设计是什么""设计师是干什么的"。对于设计从业者来说，向非设计从业者解释自己的工作，一直以来都是个难题。一般来说，相对准确的概念有助于形成不同人群沟通的前提与共同的基础点。只有当设计师与用户形成对设计相对一致的基本观点时，才有可能实现公众对设计实践的了解、对设计作品的赏识、对设计价值的认可、对设计职业的尊重。

1.1 设计溯源

设计有着数不清的表现形式，但又缺乏明确清楚的定义，很多时候设计所表现出来的形式与内容又与其定义的描述不一致，使得设计长期呈现出矛盾的状态。所以要弄清楚设计的本质，首先对"设计"一词进行溯源。

通过国内外权威的字典或是词典来了解"设计"的定义具有较广的普适性，也是了解设计的第一步。"设计"一词在国内的学术界普遍被认为是来源于西方词汇，英文是"design"，由于著者的学识有限，西语的词义查询仅选用了英文，在本书中进行简要的英中翻译。英文中"design"因用法及词性的不同，有名词和动词两大类解释。

美国《美林韦氏词典》(*Merriam Webster Dictionary*)中作为动词的"design"（设计）具有及物动词、不及物动词两类不同的解释。作为及物动词的"design"具有四个含义：① 根据计划创建、美化、执行或构建，与部署、构想同义；② a.

在心中设想和计划，b.有一定目的，c.设定一种功能或结果；③ 用独特的标记、标志或名称来表示；④ a.给……制作绘图、图案或草图；b.为……制订计划。作为不及物动词的"design"早在14世纪就已使用，具有制订或执行计划，绘制、布置或准备设计两个定义。《美林韦氏词典》中作为名词的"design"具有八个含义，分别是：① a.个人或团体持有的特定目的或意图，b.深思熟虑、非偶然的设计；② 一个精神项目或计划，并意味着其终点已经被规定；③ a.蓄意的潜在计划，b.可数名词，用于认同或反对表达意图；④ 用初步草图或大纲来展示要执行的东西的主要特征；⑤ a.管理功能，开发或展开的基本方案：模式，主题，b.执行或完成某项事情的计划或协议（如科学实验），也可以是准备的过程；⑥ 产品或艺术作品中元素或细节的安排；⑦ 一种装饰图案；⑧ 执行审美或功能设计的创意艺术。

《牛津词典》(Oxford Dictionary)在英国具有悠久的历史，其中关于"design"的解释与美国《美林韦氏词典》有一定的区别。《牛津词典》中说明，作为动词的"design"具有指定的含义，来自拉丁语"designare"(指定)，在法语中由"désigner"(法国设计师)加强其含义，作为动词的"design"具有两种含义：① 通过详细绘制，决定建筑、服装或其他物体等的外观和功能；② 考虑到具体目的的做法或（某事的）规划。作为不可数名词的"design"源自意大利语"disegno"，具有三层意思：① 一项计划或已制作的图纸，用于展示建筑物、服装或其他物体在制造前的外观和功能。a.在制作之前制订和制作某物的计划或绘图的艺术或行动，b.从后续计划或绘图中产生的人造物特征的规划；② 一种装饰性图案；③ 存在于动作、事实或对象等的目的或规划。

国际知名的词源在线类词典（Online Etymological Dictionary）中对作为动词及名词的"design"做了溯源，描述作为动词的"design"来自16世纪40年代的拉丁词语"designare"，意为：标记出来，部署，选择，指定，任命。由de-（"脱离"之意）+signare"标记"构成，而signare来自signum（识别标记、标志），也就是名词sign。现在的英文原意都附带有designate（设计）的含义；"设计"的许多现代用途都有隐喻的延伸。作为名词的"design"有三个来源：一是16世纪80年代法国中古词汇"desseign"，表示"目的、项目、设计"之意；二是源于意大利词汇"disegno",取自"disegnare"的变化而来,意为"标记出来";三是拉丁词汇"designare",意为"标记出来、设计、选择、指定、任命",由de-(意为"从……脱离")和"signare"(意为"标记")组成,源于"signum"(意为"识别标记,标志")。

西方学者中有一种观点认为现代设计的含义是意大利语"disegno"所赋予的,但是通过词源在线类词典可以看到意大利语中的"disegno"主要意为"标记出来",主要是取"de"的原意"to make out",但是中古法语"desseign"表示"目的、项目、设计",内涵更加丰富,所以著者更加倾向现代设计的含义是由法语所赋予的。英文"design"的溯源见图1-1。

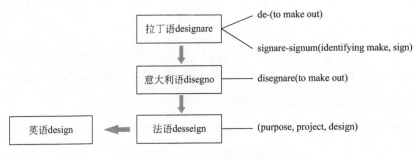

图1-1 英文"design"的溯源(著者绘)

2009年出版的《朗文当代高级英语词典》包含了英英和英汉双解,这里取英汉的释义。作为动词的"design"具有两个含义:①(常用主动状态)设计、创造、制作;②(常用被动状态)为某种特定目的而计划。作为名词的"design"则有六个含义,分别是:① 计划的过程;② 各部分的安排;③ 图案;④ 图样;⑤ 意图;⑥ 对……的企图。

美国宾夕法尼亚大学教授、设计符号学学者克劳斯·克里彭多夫(Klaus Krippendorff)从词源学分析设计。他是这样描述的:"设计(design)可追溯到拉丁文de+signate,意思是造物、用符号或标记来区别、赋予意义,以及将其关系指派给其他事物、所有者、用户或上帝。基于这种原始的意义,我们可以说,设计即赋予事物以意义。"设计因词性不同,可以指向多种内容。14世纪以后,作为动词的设计,与某类人群的决定与安排有关,其中在意大利专门指艺术家在艺术创作前的思考与安排，与造物并没有直接的关系。作为名词的设计，除了更接近现代的"设计"含义，与造物的一部分内容有关，并不能指代全部。

在汉语中，"设计"是由"设"与"计"两个单字组成的词。"设计"一词始见于东汉崔寔《政论》："作使百工，及从民市，辄设计加以诱来之，器成之后，更不与直"。这里"设计"一词含有"设下计谋"的意思，本意与造物无直接关系，更与现代意义的"设计"毫无关系。《康熙字典》中没有"设计"这一词条，著者试着通过"设"与"计"两个单字分别查询，再将两字及字意合并，来反映"设计"作为词的含义。

《辞海》中关于"设"字有四种含义。①（动词）安置、陈列。《左传》："狐毛设二旆而退之。"②（动词）建立、制订。《礼记》："以设制度，以立田里。"③（动词）筹划。④（连词）表示揣测的语词，即假若。《史记》："设百岁后，是属宁有可信者乎？"

《辞海》中关于"计"有七种含义。①（动词）核算、筹算。《出师表》："汉室之隆，可计日而待也。"②（动词）谋划、打算、盘算。《战国策》："父母之爱子，则为之计深远。"③（动词）设想、推测。《庄子》："计四海之在天地之间也。"④（名词）策略、方法。⑤（名词）测量或计算度量、数量的仪器。⑥（名词）姓。⑦（副词）揣测之词，大概料想如此的意思。

《康熙字典》中"设"，动词，会意字，从言，从殳。本义为摆设、陈列。"设"具有六种含义：①创立、建立、开创；②筹划、秘密策划、布置、部署；③拟设、设置；④施行、实现；⑤完备；⑥大。

"计"作动词，会意字，从言，从十。本义为算账、总计、计算。《说文》："计，会算也。"在现代有八种含义。①计较、关心、商议、谋划。《广雅》："计，谋也。"②考察、审核。③算法、算术。④计簿，以及呈送计簿的官吏。⑤计策、计谋。《战国策》："计者，事之本也。"⑥用于测量或计算的仪表。⑦生计、谋生手段。⑧经济力量、经济开支。

从以上的解释可以看出，"设"与"计"在古代汉语的语境中主要是指向了某类人群的策划与打算，几乎与造物完全没有关系。

语言学家索绪尔指出："我们若只是看到词的某种意义，并不能精确理解这个词，必须把该词同与其相反或相近的词语放在一起来理解，……我们需要借助在它之外的东西，才能真正确定它的内容。"所以以"设"与"计"的分别解释是很难得到当下对设计的理解。

从造物的角度来说，中国传统更偏爱使用"工"与"匠"这两个字，而"设计"一词在国内的广泛运用是改革开放以后出现的，仅有40年左右的历史。但在诸多国内的设计概论类书籍及学术文献中，将构成"设计"的两个中国汉字"设"与"计"分别解释，一方面是依照说文解字的传统以寻找与当下设计最相近的解释，另一方面这样解释的目的指向了设计含义的泛化，代表设计物品的丰富、设计活动的多样和设计领域的宽广。

1.2 设计是艺术创作

关于"设计是否是艺术"的争论，在学术界好像从来没有停止过，因为在还没有出现现代设计概念的时候，设计就与艺术有着千丝万缕的联系。

赫伯特·里德❶将工业设计称为"机器艺术"（machine art）属于实用艺术（applied art）的范畴；佩夫斯纳在《现代设计的先驱》❷中将设计师描述为艺术英雄，并以其活动及其作品来论述各种艺术改革运动，在《美术学院的历史》中将设计师描述成一种新的艺术家，设计是艺术的新的分支。20世纪70年代，英国艺术评论家约翰·伯格（John Berger）在《观看之道》中描述，人们首先是通过

---

❶ 赫伯特·里德在《艺术与工业》（Art and Industry）中通过区分"美术"（fine art）与"应用艺术"（applied art）两个艺术分支，引出机器艺术是工业时代的应用艺术。他对机器艺术的解读几乎和工业设计是完全一样的。

❷ 设计作为一个研究对象和学术概念进入人们的视野中，首先是以"现代"的形式进入的，可能要从佩夫斯纳对"设计史"的创造开始，也就是著作《现代设计的先驱》，在这种情况下"现代设计"也就是"设计"。

视觉来观看美术作品的,视觉先于言语的认识与理解,从而也出现了整个20世纪70~80年代英国视觉文化与艺术的研究热潮。第二次世界大战后美国以现代艺术博物馆MoMA为主的现代主义观念普遍认为,工业设计的价值在于创造具有美学品质和历史意义的产品。时任MoMA设计部主管的艾利奥特·诺伊斯(Eliot Noyes)在策划的展览"10元以下的美国设计实用物品"中提出,"好的设计包括恰当的功能、尊重并合理使用材料,适应生产制造过程,同时充满想象力地表达符合当代美学的外观。"❶表达了他反对商业性设计,强调"物品的美学品质"的观点。从时间轴来看,"设计是'关乎视觉形式'的概念"产生于现代主义阶段,是比较早的一种对设计的理解,在20世纪较长的时间内是对设计的主流观点。这种设计艺术化、设计视觉化、设计审美化的观点在当下的某种语境中仍然具有较强的话语权和影响力。现在,有一些行业仍然有偏向视觉美化的设计活动,但是大多数情况下视觉化设计已经无法概括设计的全貌。

匈牙利艺术家、包豪斯教员、设计教育家拉兹洛·莫霍利·纳吉(László Moholy Nagy,1895—1946)在《运动的视觉》(*Vision in Motion*)中这样描述设计:"不是一个职业,而是一种态度。它有很多内涵:设计是为了某种特定的功能让所有的要素达到和谐均衡,用最有效、最经济的方式将材料和程序进行组织;设计不是外观的问题,而是产品和制度的实质,敏锐深入,又全面综合;设计是对技术、社会、经济需求、生物规律、材料、形状色彩、体积和空间心理影响等的全面整合,并关联思考各要素之间复杂精细的关系。"可以说这种观点集合了纳吉一生对设计的探索,不仅强调设计作为物品的视觉外观呈现,同时强调物品的制作行为,既带有包豪斯理想主义的痕迹,也充满了积极的实验精神。设计的复杂性不仅仅是功能的复杂,一个产品所具有的多面性,更是社会性、时代性、文化性的产物,设计通过符号象征进入了主体的意义世界和情感世界。设计与艺术的共同之处在于对美学的注重,解决视觉与其他感官的问题,使得用户或消费者体验得到满足或愉悦。

---

❶ 艾利奥特·诺伊斯任MoMA工业设计主管,后在IBM担任设计总监。此内容在其策划的"Useful Objects of American Design Under $10"展览中提出。

1.3 设计是人工科学

诺贝尔经济学奖获得者赫伯特·西蒙（Herbert A. Simon）精通计算机、认知心理学、管理学和经济学等，被称为"真正的文艺复兴式的人物"。西蒙在《人工科学》（1969）一书中指出，人工物的独特性在于人工物是由人力生产的，而不是由自然过程孕育的，从人工性和复杂性入手讨论了什么是设计以及设计是做什么的。他先以各行业的职业活动来概括设计，"工程、医药、商业、建筑、绘画等职业关心的不是必然性而是权变性——他们不关心事物是怎样的，而是关心事物可以成为怎样的，简而言之，关心的是设计"，又对各职业的活动核心进行概括："凡是以现存情形改变成向往情形为目标，而构想行动方案的人都是在设计。"进而得到设计是一种有关非确定性的综合活动，而不是关乎自然法则中的无法确定性，更不是关于人工物的确定性。很明显，西蒙所理解的"设计"，不同于设计学科的"设计"，而是与所有人造物、人工系统有关的设计，是一种基本的专业能力，能够扩展到多学科，进而形成多层次的决策和实践。

《人工科学》一书构建了西蒙决策模式理论，为了理解和解决复杂问题，泛化了设计的概念，在设计中强调行动，进而提出"人工科学"的概念。西蒙在不同层面的描述中强调了设计和人造物的关系，如设计是"制订计划并行动的过程，其目的是将现有状况变成更合意的状况"；设计也可以指在所有行业或领域中获得某种结果的过程，同时，设计也被视为人类技能最为纯粹的演练、所有职业训练的核心，是区别专业和科学的主要标志。西蒙的理解还隐含着强调"设计是一种支持各种专业的活动"的思维过程。

1.4 设计就是解决问题

一直以来，学术界中有一种主流的观点是将"设计"和"问题"联系在一起。持此类观点的学者通常把设计的过程归纳为"发现并定义问题-分析并理解问题-创造性解决问题"三个主要步骤，根据设计发生作用的侧重点不同，对设计的理解也有一定的区别。

设计师想为人类的使用提出并解决问题，但在大多数情况下，"设计师感觉是被迫在为人类的滥用提出并解决问题。无疑，这正是所有问题的症结之所在"。乌尔姆学院的院长托马斯·马尔多纳多在《所有问题的症结》中表示，"人类最与众不同的特点并不是他解决问题的能力，而是他提出问题的能力"。此类观点将设计的重点指向设计流程的前期，认为设计是复杂且存在大量不确定性的过程，准确地提出问题、良好地定义问题才能够更加有效地为后期的分析、解决问题打好基础，不然就是在走弯路。刚开始设计的时候充满不确定性，就是所谓的"模糊前期"（Fuzzy Front-End，FFE），在此阶段设计的主要任务是搜集分析信息，"建立限制性的认知环境"，通过市场机会发现或是从用户认知等角度准确地提出问题。

1974年《大不列颠百科全书》中对设计的解释是"只要是为了一定的目的而从事设想、规划、技术、安排、布置、筹划、策划的都可以说是设计"。美国著名设计师查尔斯·伊姆斯（Charles Eames）认为"设计是以一定的方式规划安排各种要素，最好地完成特定的目标"。曾任乌尔姆学院的老师、倡导设计方法研究的英国设计学者布鲁斯·阿彻（B.Archer）在1965年提出"设计是一种直接针对目的问题的求解活动"，其他学者又做了一定的补充，直接导致了"设计是针对特定环境下诸多实际需求的最佳解决方案"这种至今还很流行的观点的产生。设计过程包含了技术、社会和认知等内容，是基于多领域知识的运用及创造，需要不断迭代、不断反复的复杂进程，整个过程开始于问题的发现，结束于问题的解决。

相较"设计是提出问题"而言，此类观点与"问题"联系在一起，更加注重设计的逻辑性和创造性，强调定义问题以及解决问题的过程，将设计引申至方法论的领域。

当然，也有一些学者肯定设计在解决问题中的双重价值。国内学者李砚祖认为："设计是人类改变原有事物，使其变化、增益、更新、发展的创造性活动，设计是构想和解决问题的过程，它涉及人类一切有目的的价值创造活动。"曾任伊利诺伊理工大学设计学院院长的杰伊·达布林认为解决问题的活动必以理解问题为先导，尽管绝大多数设计问题都可以通过设计训练、经验与直觉来解决，但是随着世界及其设计问题变得越来越复杂，传统的方法已经逐渐无效，主张基于实践的方法总结与理论建构，形成一种理解问题的结构，并生成新的解决方法。

1.5 设计是人造事物的灵魂

史蒂夫·乔布斯（Steve Jobs）对设计的理解是："对于大多数人而言，设计意味着装饰、好看，……但对我而言，没有什么比设计的意义更重要了。设计是人造物（man-made creation）的基本灵魂，最终在产品或服务的连续外层中表达自己。"❶哈罗德·尼尔森（Harold Nelson）认为设计"是一种想象现在还不存在的事物的能力，使它以实体形式出现，作为对现实世界一种新的有目的的补充"。日本设计师黑川雅之（Masayuki Kurokawa）在《设计与死》（2017）中总结了毕生的设计经验，将设计分为英文小写的design和大写的DESIGN，前者（design）代表了形形色色满足人们欲求的物品，后者（DESIGN）是创造出物品使设计得以成立

---

❶ 此处为著者的选择性翻译，以下为原文：In most people's vocabularies, design means veneer. It's interior decorating. It's the fabric of the curtains and the sofa. But to me, nothing could be further from the meaning of design. Design is the fundamental soul of a man-made creation that ends up expressing itself in successive outer layers of the product or service.

的条件。也就是design代表设计师具体的工作，DESIGN意味着设计师的设计哲学与设计的价值、理念和意义。

在设计中有一个很重要的关键词是"意义"（meaning），指的是人造物所蕴含的情感价值。20世纪70～80年代在诸多设计著作中开始大量强调生活，指出设计服务于日常生活，贯穿生活的每一个细节，每一个设计师都不能脱离时代而存在。创造本身就是行动的主角，设计师通过设计创造事物，事物本身具有一定的意义，从而赋予生活意义，进而创造有意义的世界。根据个人和社会需要的不同，设计会呈现出不同的形式和过程，设计师赋予人造物的意义与使用语境下的意义有时不尽相同，使得在日常生活中这种意义有时会超越了人造物原本所具有的功能，所以说设计既包括物质性的造物活动，又包括精神性活动。

1.6 设计是有价值的经济活动

1982年7月在英国皇家艺术学院举办了以"设计政策"为主题的国际会议，由皇家艺术学院的设计史系负责组织并和设计研究协会及设计委员会合办。很明显，会议强调设计带有社会和政治意义，目的在于考察设计和社会环境之间的关系。会议讨论了设计研究，设计教育，设计哲学和设计实践以及设计与工业、政府、教育和社会发展有关的潜在性。会议论文被收录成集，分别为《设计与社会》《设计与工业》《设计评估》《设计教育》《设计和信息技术》五大卷，这些都被列为当时设计理论研究的重要文献。此后，设计的经济价值不断地被重视。

设计活动与经济活动共同存在于生活之中，设计的经济价值不能被有效估量的话，设计就无法成为战略。经济学的重点在于解释财富的生产、分配和消费，设计则是以满足人们功利性需求的方式塑造并实现人的能力，从而创造意义，其中也包括财富创造。设计不是大产业，却可以带动巨大的产业。"世界诸相，离不开设计。设计师是一颗小而有力的铜豌豆。"由于商业活动常常是设计实践的主要场景，能否有效地创造商业和经济价值也因此成为衡量设计成功与否的重要标准，了解经济学原理和相关基础知识也就成为设计更好地服务于商业活动、创造更显著的经济价值的重要手段。然而从另一个角度，当设计可以有效参与经济活动和创造价值的时候，设计思维也应该成为解读经济现象和理解经济学理论的新视角。当人们习惯从经济和商业的角度评判设计的时候，从设计的角度，用人本主义和可持续发展等理念审视经济学理论，同样具有重要意义。

约翰·赫斯科特主张在经济学语境下理解设计，作为较早聚焦用经济衡量设计价值贡献的学者之一，他将设计视作"所有职业技术的核心"，认为设计师"应该通过美学和经济维度的表达从而创造具有真正价值的内容。"赫斯科特在《设计与价值创造》一书中梳理并分析了传统经济理论的缺陷以及对设计价值的忽略，进而通过理论改造实现经济学理论对设计价值的认可，进而形成新的价值创造理论，他还在其他论著中揭示设计的价值在商业实践中的成功与失败的案例，聚焦到制造者、销售者、产品、消费者，批判了传统商业思维、肯定了思维的重要性以及由设计所引申出的新商业模式。由此，设计的概念变得更开放了。

对国家和组织而言，设计是一种能够配合或带动其他活动创造经济价值的活动。设计作为增加销售的手段：经过美化的产品能够增加消费吸引力，提高销量；使用体验更好的产品能够提升消费者的品牌美誉度。设计作为制造的助手：预先描绘产品的制造样貌、生产过程，使产品有助于装配等。设计作为产品决策：精心规划的产品决策能够减少新产品研发的风险。

关于设计的认知是伴随工业化及全球化的发展而发展的，工业化对全球的改变不仅表现在人们的生活与工作模式上，还表现在自我意识和对世界的认识上。人们通常对工业化有两种看法：一种是受欢迎的进步形象，给社会和个人带来机会和进步；另一种是令人厌恶的破坏因素，颠覆了传统价值观与社会关系。与较漫长的手工艺时期相比，原本是一个缓慢过程的工业化呈现出"革命"般的裂变。全球化的发展、"全球转向"（global turn）的趋势使学者们意识到设计的概念并不能以英美为中心，也不能仅以工业制造为场景，而应结合不同情境、不同历史文化背景进行设计的释义。

今天我们称之为设计的东西，几乎包罗万象。大至对城市的规划，小到一粒纽扣的制作，人类几乎所有的劳动对象都是设计的产物。可以说，设计的历史和人类造物的历史一样古老。人类的诸多行为与"设计"有关，使得"设计"很难进行具体定义。以工业化来看待设计，设计被认知为工业制作的一个重要组成，将会与人类历史上悠久的手工艺文化极大地割裂开来。但将设计作为发现与解决问题的行动与方案，以一种人类学视角看待设计时，手工艺文化与工业化进程的割裂问题就可以迎刃而解。人类学视角的设计认知将设计与创造力联系在一起，认为设计是人类共有的才能和能力，并将其视为人类的本质特征。以文明史观理解设计，首先是平等地看待地球上各时期与各地区的人类所具有的创造能力（即设计），并将这种能力与人类文明、人类社会联系在一起。

在设计认知的逐步转变中，无论是历史研究还是实践研究，中外设计学者均取得了一定的共识，正如约翰·赫斯科特所言："设计就是设计一种能生产设计的设计（Design is to design a design to produce a design）"。在这个定义中动词design前没有指向任何主体，暗含了任何人都可以是设计动作的执行者。同时也指出设计既是一个动词，也是一个名词。由于词性差异反映出设计含义的不同，设计从业者们在工作中并没有区分四者之间的不同，导致在不同语境下设计表现出来一定的含混性（图1-2）。作为动词的设计，表示设计行动与设计过程，意味着通过设计师创造实践的次序来发展和思考，进而产生产品，如"他受委托设计一

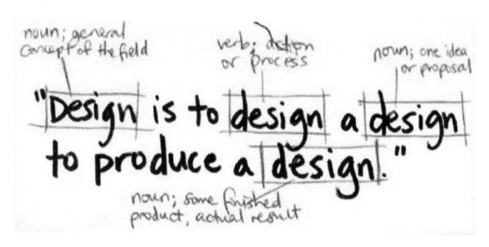

图1-2 约翰·赫斯科特关于设计的定义手稿

个新型的食品搅拌器"。作为名词的设计有三种用法,可以表示领域中的一般概念、总体活动,如"设计是成功的工业活动的必要组成部分""设计对国家经济很重要"等;可以是一个概念和建议,例如"这个完成的设计可以进入生产阶段了""把这款设计交给客户审核";也可以代表企业的生产过程完成后的一个产品,或在该产品上实现的设计效果,如"大众新推出的汽车采用了复古设计""一个含义尚不明确的词语在社会用语中同时作为名词、动词或'名转形'、'动转形'等多种形态混合使用",一方面说明了设计实践活动丰富多样、充满不确定性,另一方面说明设计定义涉及的领域很宽广。

约翰·沃克认为设计的概念可以用维特根斯坦的家族相似性(family resemblance)来描述,维特根斯坦认为"缺乏统一的定义并不会阻碍人们一致地、有意义地使用该概念"。由于语言在历史中发生了意义的变化,设计在时间的流逝与学科思想的延展中,从"艺术创作中的构思与安排"变为一种专门的职业活动,其内涵是在不断发展变化的,设计学科中对设计的理解从偏重视觉艺术的窄化走向人类基本能力的泛化。并且设计从业者们对具体的工作内容和理解也因人而异。设计的不确定性、模糊性和复杂性,并不意味着设计无法解释,更不代表人们无法对设计做出明智的判断与选择。但不论设计是否形成了统一的概念,都不会阻碍人们一致、有意义地使用该概念。

如果把设计分为设计理论研究及设计实践两个层面,在设计学科中,很多设计理论研究的学者们都热衷于讨论设计的定义,争议在设定研究对象界限的时候就产生了。但是在设计实践层面,从事设计实践的设计师们几乎对设计的"标准"定义毫不关心,但是通过实践又各有心得,此部分内容在本书的第4章将重点呈现。

第**2**章

谁能成为设计师

设计师（designer），简单地说就是从事设计的人。

由于对设计理解的不同，对设计师的理解也有一定的差异。如果从"设计是人类共有的才能和能力并且是人类的本质特征"的角度来看，那么人人都能称为设计师。如果从设计是"艺术创作"和"人工科学"的角度来看，设计师就是拥有一定的专业设计技能，有一定设计知识的人。如果从设计是"解决问题"的角度来看，设计师是能够成功地完成设计任务，解决问题的人。如果从设计是"有价值的经济活动"来理解，设计师是能够从设计活动中获得商业回报并创造商业价值的人。

设计师是设计组织的最小单元，既是一种分工中的职业，也是一种社会身份。设计师身份的多重化并不在于追逐头衔，更不在于为了身份而身份。角色无论如何扩展，设计本身的真正意义和职责仍在于如何更好地服务于社会生产活动。无论是主动地选择还是被动地需要，通过多重身份的结合、跨越和转化而带来更有效的新的工作模式，使设计学科发挥更好的能量，产生更多可能。

2.1 人人都是设计师

维克多·帕帕奈克（Victor Papanek）在其著作《为真实的世界设计》(*Design for Real World*, 1971）中说："人人都是设计师。每时每刻，我们所做的一切都是设计，设计对于整个人类群体来说都是基本需要。任何一种朝着想要的、可以预见的目标而行动的计划和设想都组成了设计的过程。任何一种想要把设计孤立开来，把它当作一种自在之物的企图，都是与设计作为生命的潜在基质这一事实相违背的。"

每个人都在设计着自己的生活，如对自己的卧室布局的规划，手账的编排布局，拍照时思考如何取景等。设计能力是人与生俱来的，但并不是说人人都能够成为优秀的设计师，当然也不意味着学过专业技能的人一定是优秀的设计师，个人的兴趣和能力是成为设计师的前提条件。首先要热爱生活并且会观察生活。浏览很多比较出色的设计或是像红点（red dot award）、iF（iF product design award）这样的设计大赛，我们会发现很多作品让人眼前一亮，会让我们不禁感慨"我怎么没想到啊"，他们的设计作品有些并不宏大，仅仅是解决了日常用品的一个不方便的点，这就来源于人们对生活敏锐的目光。另外，对生活细节的留心是可以慢慢培养的，这种意识是可以循序渐进的。其次要具有丰富的想象力。设计服务于生活，以创想的形式、创造性地系统运用每个人已有的知识和能力提升生活的品质，创意的产生是一个创造性思维发散的结果，创意就是点子，就是设计中的闪光点，需要天马行空的想法，注重数量，以量变带动质变。最后，好的表达能力也是成为设计师的前提条件。这能够更快、更清晰地指导并描述创意性的内容。设计师的表达能力分两种：一种是专业技能的表达，比如通过手绘、电脑制图等方式表达自己的想法；另一种是沟通能力，能否将自己的方案清晰准确地传达给对方。一般设计师更缺乏的是和对方有效的沟通，很多时候并不是方案不理想，而是沟通环节出了纰漏。以上，根据设计的创意属性来看，只要善于观察生活、具有丰富的想象力和好的表达能力，再加上良好的社会意识、团队合作能力等个人素养，人人都能成为生活中优秀的设计师。

同时，西蒙也指出设计能够成为一种支持各种专业活动的思维过程，基于此，每个人均可以将设计代入到自身的专业中寻求创意性的解决方案。这里将设计看成融入各行各业进行创新、探索的方法集合，也就是人人都能即拿即用的工具包，强调的是设计的工具属性，而在各个行业中运用自身兴趣爱好和专长特点运用这个"工具包"的人就是设计师。总之，成为设计师的契机很多，每个人的兴趣点也不同，个人还要结合自身情况进行深入探讨。

2.1.1 设计泛化的好处

从设计具有创意和工具这两个属性来看，确实人人都能够成为设计师。进入21世纪后，越来越多的学者认同了设计是人类的一种能力。马克思主义关于"人起源于劳动"的理论就认为，人是从制造工具与使用工具开始的，或者是从改造自然开始的，人类塑造自身环境的能力是人类独有的特征。那么设计从一开始就与人类历史结下了不解之缘，甚至可以说设计的发展就是人类造物的全部历史过程。人类世界和人类社会就是人为设计的结果。克莱夫·迪诺特站在更广的人类层面强调了设计的意义："事物的目的在于事物本身之外，在于为了谁而造物，以及物将要被给予的对象，物的意义在与人类的交流和作用中同时产生。物造就了我们。造物（与设计）的过程就是制造（与设计）我们自己的过程"。这种观点实际上是一种对设计泛化的理解。迪诺特和谢里尔·巴克利（Cheryl Buckley）都认为"设计不仅是专业人员参与的实践之一，也是以多种不同方式进行的人类的基本行为"。

20世纪70年代末，英国开放大学教授奈杰尔·克罗斯（Nigel Cross）从通识教育的角度肯定了设计思维的价值，并认为通过开发设计天性，人人都可以成为设计师。对设计泛化理解的代表人物，除了莫霍利·纳吉、赫伯特·西蒙、维克多·帕帕奈克，还有唐纳德·诺曼等。

"人人都是设计师"在人与世界的关系中更强调人的主动行为，"设计源于人类的各种决定和选择"。这种泛化的观点强调"人为因素"在不同水平的设计实践中所起的决定性作用，也就是设计中存在着巨大的人的主观能动性，符合马克思主义劳动理论的基本观点之一。赫斯科特在《设计无处不在》中这样写道："在很多方面，设计能力都是人类作为一个物种存在的关键。除了人类，地球上没有其他任何生物具备这种能力，……设计像语言一样界定了人类的本质特征。"他把设计界定为"自然"的相对概念，强调人的选择，而"选择"意味着相应的责任，也意味着结果之外还有其他目的的选项。

由于不同文化背景下的大众对设计的需求有一定的差异性，所以对设计的认知也有差异，同时对设计师的态度也存在着明显的区别。在西方传统文化中，按照自己意识有目的地造物的行为是上帝的特权，"上帝是一切的造物主"，人类是无法主动的、按自我意识参与造物行为的，从这层含义上来说，"design"这个词汇或行为的诞生都充满了人类对自身文化的自信和骄傲，此时设计师这样一个具有主动造物行为的称号能够给大多数人带来共鸣。设计师的泛化，使得设计跟每一个人都有不可分割的关系，能够引发广大民众对生活之物的共鸣，在思想上有更多的参与感，能够为设计深入大众、在公众层面形成共识提供很大的帮助。

事实上，整个20世纪西方设计思想发展的过程中，设计的定义被不断重写、刷新，持有各种立场的设计师与思想家们，不断从各种立场与角度追问'什么是设计'，而每一次认识与定义的更新，都带来"设计"的功能提升和定义的科学性，将现代设计送上更高的认识高度。设计的不确定性、模糊性、复杂性，并不意味着设计无法解释，更不代表人们无法对设计做出明智的判断与选择。设计概念的泛化和设计师的泛化将设计本身融入更多的学科中，将设计拓展到经济、管理和策略的层面，一方面更加有利于向大众普及、宣传设计，另一方面也极大地促进了设计专业人员对设计本身的认识，用开拓性的理论研究，维护了设计的专业性和设计职业的严肃性。

2.1.2 设计师泛化的缺陷

设计泛化从人类学走向了社会学，设计也并不仅有创意和工具这两个属性，设计师的泛化也给这一职业带来了一定的危机。针对设计的泛化，郭本思（Gui Bonsiepe）1965年在《乌尔姆》（ULM）发表文章提出了类似的警醒，设计涵盖了大量的人类活动，涵盖一切的设计，其含糊和不确定的术语会滋生错误的理解。同年美国设计师乔治·尼尔森（George Nelson）在《设计的问题》（*Problems of Design*）中认为工业设计"是唯一一个在其成熟之前就迷思的行业"，此处的"迷思"与设计这一词汇的滥用或者泛用有很大关系。

设计作为学科，其界限越来越模糊，这与传统学科的内部危机和分裂现象有关。在2013年克雷格·布雷姆纳（Craig Bremner）和保罗·罗杰斯（Paul Rogers）合著的论文《设计无学科》❶中就已经说明了设计学科内部的危机及成因，包括设计师职业危机、经济危机与技术危机。理查德·布坎南（Richard Buchanan）认为设计不仅是很难定义的，也是一个"抗解问题"（wicked problem）。导致设计成为"抗解问题"的原因主要有：设计领域随着设计的发展

---

❶ 此处引用了布鲁斯·布朗编著的《设计问题（第一辑）》中的相关观点。

正在逐渐泛化；设计行业术语的不严谨，缺乏如法律、医学等的行业规范与准入门槛等。从理论层面来看，设计定义的泛化导致设计理论与设计研究主题的不确定，对设计史研究有很大的负面作用，无法解决设计史的主题及其分类。因为"任何全面的设计史都应该包括'设计'概念的演变史，以及设计师与设计产品的发展史。"

从实践层面来看，设计的泛化威胁设计职业的严肃性，现实生活中到处充满着诸如管理人员、市场人员等非设计专业人士对设计从业人员的指指点点，网络用词"五彩斑斓的黑"就是设计师们一种无奈的嘲讽。拉姆斯曾为"设计""设计师"的滥用而感到痛惜，认为设计是很严肃的实践。而设计师的泛化在某种程度上消解了设计职业，模糊了设计从业者、设计师与设计爱好者之间的界限，将职业设计师的才智与日常设计行为混为一谈，说明设计师这一职业本身也存在不确定性和职业危机。

2.2 职业设计师

即使人人都具有设计的天赋，但并非都是专业的设计师。举个例子，人人都可以跟着节奏打节拍，但并非每个人都会加入乐队正式演唱；人人都会写字，但并非所有的人都能成为书法家；对于建筑物、交通工具等生活物的构想，一般人只会用语言和文字表达出来，而职业设计师能将其视觉化、具体化、实物化，这就是"大众设计"和"专业设计"产生出的不同的设计模式。约翰·斯库尔（J.Skull）给出的"设计师"定义为："设计师是从事设计工作的人，是通过教育与经验，拥有设计的知识与理解力以及设计的技能与技巧，而能成功地完成设计任务，并获得相应报酬的人。"简言之，设计是一种以人们的需求为导向，依托于物质生产，自觉的、有目的地进行的综合性的创造性活动。因此，设计师创造的活动是技术与艺术的统一，具有一定的价值观和文化导向。

维克多·帕帕奈克的好友巴克敏斯特·富勒（Buckminster Fuller）在其书中 *Ideas and Integrities: A Spontaneous Autobiographical Disclosure* 理解职业设计师是艺术家、发明者、机械师、经济学家与有远见的决策者的集合体。虽然并不是每个职业设计师都能像帕帕奈克所说的那样成为"设计大师"，但从中也能发现设计师们思考的问题很少局限在任何一个单独的知识领域（物理、化学、生物学、数学、社会科学及其分支学科）。在设计创新中，决定设计发展方向的往往是各种约束条件及设计师个人，所以说设计是个相对主观的过程，设计师是设计过程的组成部分。设计师能够尽可能地认识到自己在约束设计条件下的工作意愿和热情，约束条件包括价格、尺寸、强度、平衡、表面、时间等。"职业设计师的能力在于，能在符号、事物、行为和思想之间发现新的关系。"

2.2.1 劳动分工促使职业设计师出现

设计师的历史几乎可追溯到人类第一次敲砸石块、制作石器，设计活动是人类的本能行为，而"设计职业则是社会分工的产物"。根据恩格斯著名的"三次社会大分工"，"第二次社会大分工后出现了专门从事手工艺生产的工匠。""人类文明史上相对漫长的手工业时代，物品的设计、制作、销售，最初都是由工匠一人独立完成。"依靠祖传手艺的匠人根据行规和发展需要，招收学徒，适当扩大经营规模。随着专门从事物品交换的商人出现，手工匠人们制作的物品得以销售到更远的地方，或者不需要再考虑销售，专心从事物品的设计与制作。手工工匠技艺的娴熟不仅与天赋有关，还与漫长的学习与视为秘籍的经验传授有关，相比独特的设计，这些似乎更受重视。优秀的工匠因技艺精湛，社会地位提高，模糊了与艺术家的边界。手工艺时期的物品都是在手工作坊或规模相对大一些的工场中制作而成。工业革命期间，工厂模式出现并逐渐成为生产主流，物品的设计则从一体化的设计制作中分离出来。设计师，从"设计-制作-销售"的独立工匠到专攻"设计-制作"的合作工匠，发展到仅从事"设计"的职业设计师。作为专业化分工后的设计师，其个人需要将整体思维与专业特长相结合，分工彰显专注，整合才能创新，设计师专注于自己作品的设计及制作各个环节，通过设计作品将自己的思想意识传递给用户，用户能够通过作品感受到设计师的理念，甚至能够感知到设计师的担当——对客户的责任、对社会的责任，从而形成了用户对设计师的精神理解。这种精神即工匠精神的形成过程，是人们对设计师设计观念认知不断深入、对设计劳动价值评价不断提高以及设计影响不断外化的历史渐进过程。

工业化生产是现代设计产生的基础，商品经济的繁荣是设计发展的动力，机器大生产引发的分工与现代设计有着密不可分的关系，甚至可以说社会分工的细化是现代设计萌生的催化剂。工业化、社会分工、商品经济发展程度的高低决定了设计的发展空间和发展程度。根据佩夫斯纳在《现代设计的先驱者》一书中对现代设计发展的论述，现代设计始于1851年英国水晶宫博览会。因此，这里基于英国18世纪中期工业革命引发的生产模式变化及劳动分工来讨论现代职业设计师的产生。

18世纪中期，英国社会发生了巨大的变化，从技术的发明革新到社会制度的腐朽，从海外殖民扩张的成就到国家产业系统的形成，从经济学理论的诞生到工场模式的瓦解，从废奴法的通过到新旧阶级的均衡，这些变化孕育着社会发展的多种可能性，无形的资本主义市场经济已然形成。当时的每位设计师都感受得到社会的剧变，但是对这场快速变化的反思是在1851年伦敦水晶宫博览会举办之后，首先由约翰·拉斯金、威廉·莫里斯等艺术理论家们发起的，进而引起了整个英国甚至更广范围的普遍关注与讨论。展会的盛大规模、展品数量的丰富程度与粗制滥造的展品极不相符，成了反思、讨论、批评的导火索。"这个忙得透不过气来的民族对于所有这些把制造商和消费者通通淹没起来、难以计数的技术革新，实在没有时间去加工提炼。中世纪的工匠绝迹之后，所有产品的外观造型都交给了缺乏教养的制造商来胡乱处理。"面对社会的巨大变革、生活环境的逐渐破坏、快速工业制品的趋利粗制滥造，英国艺术家、理论家发声疾呼，怒斥粗制滥造的物品及其生产模式，呼吁艺术家从事设计，从理论到实践，践行对美好生活的向往。这场"工艺美术运动"依然难敌历史潮流，工业化大生产的模式依然迅速成为当时英国社会生产的主流。

工业革命时期的英国，市场作为社会中"无形的手"已经在技术的推动下，逐渐改变了社会。现代设计的产生，不仅仅是某项重大技术的发明、某次展览、某项艺术设计运动，也不仅仅是精英人物的主张、典型的设计作品，而是与社会生产生活、国民意识水平等有关，其中包括：资本主义经济体（市场经济）的形成、生产与管理方式的改变、对机器生产的态度。其中最具有代表性的是产业形态的变化：从工业革命以前的工场到工业革命以后的工厂。现代工业和交通系统出现之前，大多数商品的生产只是满足地方上的要求。工场是手工业者集合在一起生产的场所，采用手工工具、人力或者畜力操纵机器进行生产，工业革命以前，各地都是采用规模或大或小的工场或作坊进行产品生产。工业革命之后采用蒸汽机为动力的大机器逐渐取代了人力或畜力，从机械化生产代替了手工生产，生产效率得到了提高，商业利益驱使规模扩大，从业人数增加。资本主义的萌芽得以发展，进而建立了近代工厂制度，工场逐渐被边缘化，工厂成为大工业之后的主要产业形态。因此，工业革命前的"工场"与工业革命后的"工厂"本质区别是生产方式、规模、出现的历史时间、性质、效率这五个方面。工场并没有消失，而是规模缩减，在产业系统中退居次要地位。

西方哲学家柏拉图在著作《理想国》中表明，国家起源于人类自然的不平等，这一点体现在分工上。还有提出著名"三次社会大分工"的恩格斯，认为社会大分工是人类文明发展阶段划分的重要依据。分工包括自然分工与社会分工，马克思还从政治经济学的角度提出了"旧式分工与新式分工"。中国《考工记》中提到的"百工"，是对各种手工业者和手工业行业的总称，也蕴含了分工的概念，尤其是对职业分工的初始认识。本书谈到的分工，是经济学上所指的劳动分工，也叫作劳动专业化，是指经济系统中任务的分离。参与者可以专注在生产过程中的细分任务，进而成为他所从事工作的专家。在传统产业中，劳动分工是经济增长的主要动力。英国经济学家亚当·斯密（Adam Smith）在1776年出版了著作《国富论》。此时英国还处于资本主义萌芽阶段，工业革命刚刚开始，亚当·斯密在著作中将劳动分工理论与国家经济发展结合起来，其中最主要的观点是分工能够提高劳动生产率、带来财富，进而引发社会"生产力进步"。其原因有三：分工能提高劳动的熟练程度；分工使每个人专门从事某项作业，节省与其生产没有直接关系的时间，进而提高效率；分工有利于发明创造和改进工具。分工原则适用于一国内部的不同职业之间、不同工种之间，也适用于各国之间，从而形成其国际分工理论。后来亚当·斯密的分工理论被发展为用于夺取海外市场的重商主义和建构主义，也是因为其"政治主导新的分工，促进生产力进步"，"固定分工可以保持经济稳定"的结论。

  分工最初主要与人的天赋、阶级等有关，后来与人们对待新技术的态度有关。18世纪中期的英国，部分经营者率先采用了蒸汽机等作为生产所需动力，一方面可以提高生产效率，另一方面工场不再受地理环境的限制，可以扩大经营，获得更多的商业利润。当工场变为了工厂，部分行业不再需要那么多有经验且工资较高的工匠，而转向需求未经太多培训就具有剩余价值的劳动力。由于机器重复生产的准确性，未经过工艺培训的工人不可能在生产过程对产品设计产生个人影响，只能按照预先制定的设计进行大批量的重复生产，这就使得在机械化的工业中，产品的设计与生产进一步分开。部分工人开始学习适合机器生产的图样设计，也有部分工匠逐渐从一体化的设计生产中逐渐转向设计的部分。生产过程的标准化，使得生产前的规划活动得到重视，设计师的作用逐渐得以发挥。因此商品生产中的劳动分工也促使了设计的专业化，推动了设计的发展。

  在部分行业中，产品的销量取决于新的样式，对设计工作逐渐有了需求。但是在追求销量更多的行业中，还是依赖机器生产和新发明，由此产生了粗制滥造的产品。水晶宫展览会推进者阿尔伯特王子，在演讲中赞美劳动分工，称之为"文明的动力"。这种由劳动分工所带来的社会动力可以催生新职业、新知识、新视角。主办方对展会的重视和大力宣传，使得很多工厂纷纷拿出展品，不同的目的尽在展品中呈现，甚至还有专门为了展会而准备的产品。发展速度过快导致不同行业与专业领域之间的知识被撕裂，形成断层，导致展览产品的美学质量却是坏到透顶。工艺美术运动后，扩大生产、增加工人、进一步分工以及使用机器，使得工艺品的高质量和独特性受到威胁。过分扩大生产，工艺的特殊魅力就可能丧失，因为生产越来越接近工业制造。现代设计史上的第一个运动——莫里斯领导的工艺美术运动就是由此引发的。

  19世纪中期的英国，除了齐彭代尔这样个体的、技术高超的设计师兼制作者之外，还出现了由半熟练以及不熟练的工人组成的制造团队，作为分工体系的一个部分进行工作。分工体系成了产品生产制作工作流程的基础。历经工业革命，英国原本具备了产生新分工——设计师的一切社会条件，但是拉斯金和莫里斯发起的工艺美术运动，倡导回到中世纪工场时期，在某种程度上是一种复辟运动。他们在新技术来临的时候，对技术选择了远离的态度，进而制止了设计师作为新分工的产生。第一次世界大战到第二次世界大战之后的德国，尽管在穆特修斯的号召下向英国学习，成立了德国制造联盟（也叫德国工业艺术联盟），但是也不具备产生设计师的社会条件，如没有相对完善的国家产业系统和稳定的社会局面，不利于创新活动的开展。因而国家产业化、自由劳动力、和平稳定等几个要素同时具备的，只有经过工业革命发展、结束内战和通过废奴法案的19世纪中晚期的美国，伴随资本主义市场经济理论的完备与形成社会共识，由芝加哥的一场大火促成了现代设计的开展，出现了一种新的职业——设计师。

技术发展必然带动新的社会需求，新的需求必然细化社会分工，细化的社会分工产生新的适应社会需求的新的职业和公众，必然会拓宽设计领域，推进设计艺术的发展，手工业内部分工的细化使得手工制作优质精良、大型的器具成为可能。可见，专业化和分工，始于人类为了获得更丰富的精神、物质成果。工业设计从手工艺创作中剥离，获得独立分工，在具体产品上体现工业文明的力量，进而成为社会化产业体系中的中间动力。现代设计是新技术影响下突破传统行业局限的分工产物，也伴随着技术迎来了持续的发展，为社会创造了更多新的分工。现代设计的产生是来自整个国家和社会自下而上、由内而外的演进，而非精心的顶层设计。

后工业时代的今天，机械化大生产仍然没有淡出历史舞台，批量定制与个性化服务等模式越来越丰富。分工与设计的关系也越来越复杂、密切。瞬息万变的未来，设计教育很难再培养面向固定岗位和固定分工下的职业设计师，固定的知识有老化的可能性，不变的体系有故步自封的嫌疑，知识转交的模式不再能应对极速变化的社会，强壮的身体、健全的人格和独立思考能力成了教育的核心。时代背景下设计教育也从内容到方式在不断转变与探索。

有相当一部分学者对分工提出了批评与质疑，其中马克思认为分工使个人成为劳动的奴隶、成了被异化的工具。社会学家齐美尔（Georg Simmel）认为，大工业生产使每个参与其中的人所完成的工作仅仅是整个产品的片段，其劳动是所谓"片面的劳动，整个作品缺乏源于人员主体的统一性"。分工与人的全面发展是一对矛盾，同时也是辩证统一的。作为设计师个人，需要将整体思维与专业特长相结合，"整合才能创新，分工彰显专注，清除设计师包打天下的错误观念"。设计师也要认清自己的位置，积极主动地搞好分工合作，应意识到设计绝不是设计师的专利。设计企业的主管必须优化企业的人才结构、强化分工合作意识、建立分工合作的机制，最终形成合理适度的设计职业分工。

不可否认，职业分工在某种程度上使设计专业知识碎片化。一方面要以设计师的职业分工为导向，正确认识设计专业的动态发展；另一方面要让学习者学会处理校园教育与职业技能之间的关系，正确看待设计知识整体与部分的关系。设计师作为一种职业分工，要提高横向与纵向两个维度的认知水平，避免单一分工造成个人核心竞争力的降低。另外，过度分工也容易沦为工具人。

2.2.2 职业设计师的最初来源

分工理论涉及政治、经济与国家体系，亚当·斯密在1776年出版的著作《国富论》中认为劳动分工是经济增长的主要动力，其原因有三：分工能提高劳动的熟练程度；分工使每个人专攻某项工作进而提高效率；分工有利于激发各类发明创造。分工体系成了产品生产制作流程的基础。赫斯科特认为亚当·斯密的理论框架"不但深深影响了现代经济的概念，也提供了工业化过程的基本原因。"

总体来说，职业设计师在20世纪前后出现，是商业和工业活动综合作用的结果。在部分行业中，产品的销量取决于新的样式，对设计工作逐渐有了需求，职业设计师则作为一种新的社会分工而出现。设计师作为一种社会分工，其职业内容不断变化，从负责"设计-制作-销售"的独立工匠到专攻"设计-制作"的合作工匠，再到仅从事"设计"的职业设计师。机器生产的工厂模式需要进一步的社会分工，要求先设计再批量生产，在激烈的市场竞争中，设计的作用得以凸显。由此可见，社会分工是设计萌生的催化剂，商品经济则是设计发展的动力。

由于设计活动与工业化密切相关，那就必然与现代经济也是不可分割的。图

2-1描述了劳动分工与职业设计师的产生之间的关系。从图中可以看到最初的职业设计师是从工匠、艺术家以及工人中出现的。

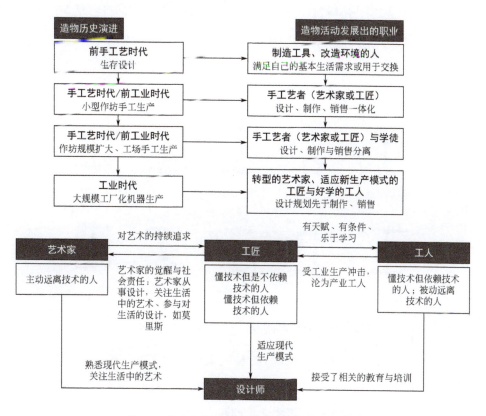

图2-1 劳动分工与职业设计师的产生（著者绘）

2.2.2.1 适应现代生产模式的工匠

原始社会末期，人类社会出现第一次社会大分工——手工业从农业中分离出来。出现了专门从事器具制造的匠人，就意味着社会中存在了一个专业从事设计的阶层——工匠。如图2-2所示，中国的甲骨文和金文中，有形似斧头和矩尺的"工"字：一种解释称"其形如斤"（斤是砍木的工具），"工指木工，泛指一切手工制作的人和事"；另一种解释其"象人有规矩"，意指"按一定规矩法度进行手工制作的人和事"。中国最早有关于百工及制作技艺的著作《周礼·冬官·考工记》

开篇即谓："国有六职，百工与居一焉……审曲面埶以饬（治）五材，以辨（办）民器，谓之百工。"由此可知，"百工"在古代即为中国手工匠人以及手工行业的总称，也可认为是"中国设计师的雏形"。工匠设计制作的产品多为劳动工具和生活用品，与现代职业设计师不同的是，他们集设计、生产、制作乃至使用于一身，是独立的个体设计。《荀子》中就曾经说："工匠之子莫不继事。"即中国古代工匠技艺是要传承的，可以是在家族内，也可以是师徒制。

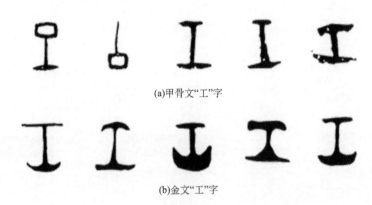

(a)甲骨文"工"字

(b)金文"工"字

图2-2 中国甲骨文和金文中的"工"字（著者绘）

从殷商开始，历代均实行"工官制度"，此机构和官吏隶属于中央政府管辖，专门管理统治者的各项建筑和手工业生产和实施，即官匠。秦汉时匠人按级别被称为工师、工匠、学徒等，由曹长领班工作。唐代有番匠，是工匠在官营手工作坊内服役20天。在官营工作的工匠，他们代表的是统治者的审美和利益，其工匠的自我意识体现得非常薄弱。

另一种是民间的工匠，他们从农业中分离出来，以手艺为谋生手段，不仅拥有一流的技术，而且还云游四方，认知更新速度快，接受新事物能力强，不断开拓新的领域和技能，相对于官营手工作坊，民间工匠更具活力和竞争力。

在古希腊，工匠都有自己的行业组织和规矩，但由于奴隶制的产生，自由工匠师（包括画家、雕塑家）的身份变成了奴隶，地位低下，不受人尊重，即使获释，还是被打上奴隶的标记，被普遍歧视。随着分工的细化，一件工作通常要由多个工种的匠师完成，就需要提前有个系统的计划，最后集中在几个主要的匠师手中完成工作。这时主要的匠师有时候已不再参与实际施工建造，成了真正意义上的设计师。中世纪，大部分工匠都已是自由之身，很多人开设了家庭式手工作坊，成立"手艺行会"，集设计、制作、销售于一体。工业革命之后，分工更加明确，设计和制造分离，有时候设计师的报酬比纺织工人还要高得多，但是由于理论的缺乏，他们的工作被排除在人文教育科目"七艺"之外。

对中西方工匠横向比较，可以发现一个共性问题：即工匠的身份地位均处于社会底端，最初由技师、匠人承担整个产品的设计和制作的全过程，这时设计在产品形成过程中处于边缘位置，更加注重技艺成分。但是随着社会分工的细化，设计师的工作从生产中分离出来，设计在产品制作过程中所占的作用越来越大，甚至超过了手工技艺者。

2.2.2.2 关注生活艺术的艺术家

很多艺术家（美术家）都是从匠师身份演变而来的，在文艺复兴时期，艺术家获得自由，艺术与工艺在概念上有了区分。这时主要的设计力量为画家、雕刻家和建筑师，可以说最初的一批设计师大部分已掌握了这三项技能。米开朗基罗在掌握绘画和雕刻技能后，不仅从事设计，还成立了多个固定的行会组织进行行会交流和教育宣传等工作，扩大艺术和设计学科的规模体系，如英国在伦敦的圣马丁路设立了一个设计学校，也就是皇家艺术学院的前身，法国在万塞纳瓷厂开设了专门针对学徒的设计学校，这个设计学院开设在巴舍利耶。到了18世纪，建筑师角色更加活跃，而建筑师工作渐渐地分离出来，单独形成一个专门的体系，很多早期的建筑师除了设计建筑物以外，还设计室内的壁纸、家具，使其作品看起来完整统一，如英国著名的齐彭代尔家具厂生产了大量由建筑师罗伯特·亚当设计的家具，这时候的建筑师只做图纸设计，跟进建筑工期，不参与施工工作。这些行会和设计学校将设计从艺术里分离出来，使得人们意识到传统工匠的教育方法和规则效率不高，存在一定的弊端，为设计师的职业化奠定了基础。

2.2.2.3 接受教育与培训的工人

18世纪的欧洲逐渐具备了工业革命的条件，工业革命最早发生在英国，手工劳动被机器所替代，大量的手工作坊被工厂所取代，不论从哪个角度来看工业革命都是社会生产力的一次空前飞跃。工业革命对劳动人民最直接的职业影响就是大量的工作坊工匠变成了产业工人，少量的工匠进入了工厂的核心技术层。转变成产业工人的工匠们不甘心放弃原有的手艺，在接受过一定时期的培训、教育后掌握了机器生产的规律，也成了第一批的职业设计人员。

水晶宫博览会使得人们真正意识到设计的重要性，思考手工艺、设计将何去何从。英国设计师威廉·莫里斯先后成立莫里斯、马歇尔与福克纳公司（MMF）和莫里斯公司，是最早成立的设计公司，这时设计师已经成为一种职业，有了明确的专业分工。贝伦斯是最早的驻厂设计师，在建筑和家电设计方面均有杰出作品，而且还是一位优秀的教育家，培养出格罗皮乌斯、密斯·凡·德·罗、勒·柯布西耶等现代主义大师。1915年，英国成立了设计与工业协会，最早实行了工业设计师登记制度，使工业设计职业化，并确立了工业设计师的社会地位。第二次世界大战后，商业竞争加剧，美国设计师雷蒙·罗维登上了《时代》周刊封面，被誉为"走在销售曲线前面的人"。设计师的身份越来越被重视，由于分工的细化和职业化，出现了团队合作的工作模式，过去一人包揽所有工作的现象消失了，设计师变成了整个机器中的一个个"螺丝钉"，各司其职又相互作用，共同推进机器正常运行。

设计师一直是在满足人们的需求上做设计，但如今，设计师的角色相对于之前追逐商业利益而转变为文化型、智慧型，设计介入管理是未来发展常态，也就是说设计师不仅要具有基本的专业技能知识，还要懂得如何将设计体系化，符合公司发展方向，以期获得长远利益。

2.3 如何成为职业设计师

莫霍利·纳吉作为设计实践者和设计教育家，对设计师提出了一定的要求，其在《运动中的视觉：新包豪斯的基础》一书中提道："起码是从生物性的资质来看，设计师必须既能看到边缘又能看到核心，既了解燃眉之急而又能着眼于终极长远。设计师必须把他的专业工作放在一个复杂的整体中考虑。对设计师的训练不光要包括对材料和各种技巧的使用，还要包括对有机功能和计划的理解。他必须明白设计是不可分割的，无论是一个餐盘、一把椅子、一张桌子、一台机器，还是一幅画、一件雕塑，其内在和外在特征都不是孤立存在的。"设计的理念和设计师职业不是从一种专家功能的观念转变成一种机制灵活且富有创造性的普遍而有效的态度，其设计项目不应该看起来是孤立的，而应该与个人和社会需求紧密相关。把任何一个主题从复杂的生活中简单地提取出来，并试图将其作为独立的单元进行标榜都是不对的。"从中可以看到，职业设计师的成长需要经过长久的专业训练，掌握材料和各类设计技巧，同时要善于发现社会需求，有计划、有针对性、更加全面、更加整体地完成任务、解决问题，最后将设计转变成一种生活的态度。

2.3.1 专业技能

设计是一门多种学科高度交叉的综合型学科。工业革命以前，设计师的主要身份为工匠、艺术家，具有深厚的技能和艺术功底。工业革命后，分工的细化和设计的职业化，使得设计师从艺术领域脱离出来，单独成科，专业知识和自然学科技能在设计师的培养中日益重要。什么样的设计师是现代社会需要的，又如何成为一名专业的设计师呢？设计门类众多，不同的门类之间存在差异，但是也有一定的共通性，这里我们以工业设计为例进行描述。

1998年9月澳大利亚工业设计顾问委员会提出工业设计专业毕业生应具备10项技能。

① 优秀的手头设计表现能力。这个能力主要用于设计草图的快速表现，用于捕捉设计灵感，草图要求表达准确、比例恰当、线条流畅。

② 优秀的设计原型及模型制作能力。这里的模型制作主要是指利用泡沫塑料、石膏、树脂、中密度纤维板等进行设计草图的实物表现，并了解用其他材料快速

制作模型的技巧。

③ 必须掌握一种矢量绘图软件和一种位图软件,如 Illustrator 和 Photoshop。

④ 至少能够使用一种三维造型软件,如 Pro/E、Alias、CATIA、SolidWorks、Rhino3D、3Ds MAX 等。

⑤ 具有标准机械绘图能力。

⑥ 能够独当一面,具有优秀的表达能力及与人交往的技巧,能够参与设计决策,有制造方面的工作经验更好。

⑦ 细致观察生活,对形态有敏锐的感知,有优秀的二维到三维转化的空间思维能力。

⑧ 对完整的设计流程熟悉,具有能够独立完成整个设计流程的能力。同时善于设计流程中的某个环节。

⑨ 对设计中涉及的产业链资源有一定的了解,对制造、加工生产等设计后期有一定的涉足。

⑩ 优秀的个人时间管控能力。

除了人际沟通、报告撰写这些基本素质,一位合格的设计师还应该具备创意能力、市场意识、团队合作能力和未来意识等基本素养,这里暂时抛开这些不谈,仅来了解一下工业设计的专业技能。专业技能是设计师的基础,按照大多数高校的课程体系来看,主要包括四个方面的专业技能:专业基础与表现技法、设计方法与创新思维、学科融合与专业设计以及设计实践与创新创业,见图2-3。

图 2-3 设计师专业技能构成(著者绘)

2.3.1.1 专业基础与表现技法

工业设计师必备的首要条件便是专业基础及表现技法，包括造型基础和设计表现两个部分。造型基础技能的学习训练设计师的形态-空间认识能力，为培养设计师的设计意识、设计思维乃至设计表达与设计创造能力奠定基础，其技能一般包括手工造型（设计素描、色彩、速写、三大构成）和审美（摄影）等方面。设计表现是一种视觉传达技法，设计师通过图像或图形来表现其设计理念和思考内容，展现设计师在设计时的构思、推敲过程，其技法主要包括正投影制图（平面图）、设计表现图（效果图）、模型、电脑动画、摄影、录像等视觉表现手段。对于这两种技能的学习和训练，主要是培养入门设计师的设计思维和设计意识，提高对周围事物造型的敏感度，能够通过手绘等方式进行产品造型表达。

2.3.1.2 设计方法与创新思维

设计方法是设计师达到预期目的所使用的行为方式，能达到最佳方案的路线和方式有很多种，因此，设计方法不止一个，具有多样性、可变性和可选择性。设计方法是设计思维的反映，根据思维要素可分为抽象思维的设计方法和形象思维的设计方法，抽象思维的设计方法包括归纳演绎法、综合分析法、综摄法、机遇和灵感等方法；形象思维的设计方法包括头脑风暴法、发散思维法、联想法、移植法、仿生法、焦点法、希望点列举法和缺点列举法等方法。

创新思维是引导人们在设计创新活动中解决问题的一种独立的见解和构想，是一种高级复杂的思维活动。常见的创新思维类型有抽象思维、形象思维、直觉思维、逻辑思维、联想思维、定向思维、发散思维、收敛思维、分解思维、合并思维、逆向思维和对比思维等。它是可以后天培养的，不受先天智力约束。通过不断地学习专业知识和浏览前瞻设计就可提升创新能力和方法，每个人都有巨大的创新潜力。

关于设计方法，设计师不需要掌握全部的方法和技巧，只需掌握几种主要的方法，如头脑风暴法、联想法、用户行为分析法、可用性分析等。设计对象的性质不同，采用的设计方法也尽不相同。在设计过程中，创新思维可以为设计师思维和设计过程注入活力，采用创新性思维，选择适合的设计方法开展设计活动，能够达到最佳方案。

2.3.1.3 学科融合与专业设计

设计是一门多学科、高度交叉的综合性学科，联系了人、自然、社会三大领域，而产品又不是孤立存在的，总是与周边环境发生着这样或那样的联系，因此设计师的知识范围也应涉及自然科学、人文科学和社会科学等各个领域。就工业设计领域来说，其涉及范围广泛，包括交通工具造型设计、医疗产品造型设计、农业装备造型设计、家具造型设计、电子产品造型设计和交互设计等方面。学科融合及专业设计培养的是学习者的抽象思考能力以及跨学科学习的能力。每一个产品都是一个系统，由不同的学科背景组成，设计师根据其设计对象、使用环境、作用、结构的不同而进行创新设计，丰富的学科背景可以促使设计师提高产品的适应性、专业性以及科学性，好的设计离不开跨专业、跨学科的合作，跨专业的新知识学习也能够使学习者能够更加深入地研究社会及产品、使产品的创新更贴近用户的生活。设计师要在各类专业设计中发现自己的兴趣和专长，善于运用抽象思维透过设计物看到设计对象的本质。如在交通工具造型设计中涉及的学科有人机工程学、材料学、动力学和人类行动学等；交互设计中的人机工程学、人类行为学、心理学、营销学等。

人机工程学、材料工艺学和消费心理学是工业设计开设的基础跨学科课程，学生通过长时间探索、反复应用实践才能够慢慢掌握这些专业理论，因为其设计对象不同，理论知识应用要遵循设计物的性质变化而做相应的调整。

2.3.1.4 设计实践及创新创业

设计实践是指设计师将理论付诸行动，以期达到解决问题的目的，是一个设计过程，同时也是设计结果。设计本身就是创新活动，是创业的基本条件，而创新创业也是现代教育的发展重点，近年来，很多高校开设了创新创业学院和教育课程。创新创业活动相对于设计实践活动来说要宏观、复杂得多，其涉及经济学、管理学，必须拥有高效的管理手段和运行体系。由于学生缺乏经验、盲目创业、资金不足，导致学校的创新创业教育成果不突出。为了转变这一局面，现在企业、政府都会组织各种创新创业大赛或项目来激发社会创新能力，高校也会通过邀请创业成功人士做演讲，提供工作室场地、项目基金等方式来鼓励学生树立创业意识、降低创业失败率。创新创业是设计实践的延伸，也是增添社会活力、提高社会创新能力的重要驱动力。

2.3.2 形成思维

这里所说的思维主要包括系统思维和设计思维两种，根据设计师从事的具体设计内容有所不同。

设计是个系统性的工作，部分设计师运用系统性的思维来解决设计中存在的问题。1981年钱学森先生提出了"人-机-环境"系统这个概念，"人-机-环境系统基本核心问题可概括为：从控制论、模型论、优化论出发，着重分析三个'人-机-环境'要素，历经方案决策-研制生产-工程实用三个步骤，以实现整个系统安全、环保、高效、经济的四个目标。"在这个要研究的系统中，"人"是用户、是工作的主体，"机"是产品、是人所控制的一切对象、是控制目标物，"环境"是指人与机所处在的特定工作条件，包含社会环境、外部作业空间、物理环境、生化环境等。"人-机-环境"系统以人为核心，在产品的开发中更多地考虑人的因素、环境的因素，围绕着更好地发挥人的能力、提高人的性能的原则进行。三者之间相互影响、共同作用。在系统运行过程中，环境和机器的状态和特性都会对人的性能产生一定的作用。"以人为核心的'人-机-环境'系统设计正是要通过对其中具有共性的作用研究，避免降低人的性能的作用，使人在系统运行中能够保持高效、准确和可靠的工作状态，从而提高整个系统的性能。"系统思维使得设计师在设计时不仅要考虑产品本身，还需要将人的因素以及环境的因素纳入整体进行考虑，考察人与产品、环境与产品、人与环境之间的相互关系。

设计虽然以"用户"为中心，但是设计时不能仅考虑最终用户，还要考虑其他"利益相关者"，如运输人员、维修人员等，同时还要思考设计对象的使用场景、使用时间等一系列的复杂且存在大量不确定性的问题，通过一系列"调研-分析-总结-方案-迭代"，克服若干小问题后最终形成解决方案。

经过不断的设计实践，设计师往往会形成"以解决方案为导向来寻求解决不明确的或不确定的问题"的思考方式，"调研-分析-总结-方案-迭代"过程中运用同理心、以用户为中心、相关者分析、可视化工具、原型创新等方法及技能开展各类设计工作，这种思考方式就是设计思维。设计思维最早由阿彻提出："设计师的思考和沟通方式与科学和学术的方式不同，但是在设计领域，其解决问题的能力与科学或学术方法同样强大。"现在这种思维方式被运用于各行各业。

设计师可以把设计思维当成一种方法或工具运用在设计工作中，这种工作不仅是产品的设计，也可以是非产品类的设计，如交互设计、用户体验设计、平面设计等，以设计思维为基础，透过现象看本质，透过"物"看待"事"，不断地提升设计中对"事"的概括总结和联想的能力，设计时不再局限为了设计目标物而设计目标物，而是要挖掘出"物"背后所蕴含的文化内涵、本质，使设计目标物回归其本质，并以"用户"为出发点，为"用户"服务开拓新的使用方式和创意性解决方案。

对于设计思维的运用，也可以不局限于设计类的工作，既然设计思维是以"解决方案为导向"的工具包或方法集合，那么这个工具包可以应用在工作和生活的方方面面，IDEO设计体系认为："作为一个创新过程，设计思维以用户为中心，结合了营销和制造的问题，捕捉用户的需求和愿望（渴望），从而建立商业目标（有效性），并且将技术上的可能性和自身的客观能力（可行性）整合在一起。"可以把设计思维当成一种固化的工作流程，正是因为"设计思维整个流程与生俱来的理性论证、修辞功能以及和谐有序的系统架构、决策功能，"所以在企业经济活动中，设计思维能够被用以应对市场挑战和创新，在管理工作中被用以能够应对各类复杂的问题、重塑企业管理。

不论把设计思维当成工具包还是工作流程，又或是理性论证、决策系统等，这种"以解决方案为导向""以用户为中心"的思考方式一旦形成，对每一个设计师来说都是受用无穷的，将设计思维熟练运用到设计工作中可以说是成为设计师的关键步骤，如果将设计思维运用到生活、工作的方方面面，那就离优秀设计师不远了。

2.3.3 强化实践，终生学习

约翰·拉斯金在1859年给设计学院学生的一篇演讲稿《现代制造业与设计》中表明了他对设计教育的观点，文中用种子、土壤和气候来做比喻，分别对应设计师个体，设计教育，与社会、经济、技术有关的国家大环境。设计教育与国家大环境是培养设计师的两个外在因素。也就是只有合适的土壤和适宜的气候，种子才能生长、发芽、抽枝、开花、结果。设计师个人的终生学习才是设计师个人能够长足发展的内在因素。内在因素决定外在因素，所以重要的是把终生学习付诸实践。

如果把设计师的个人成长比喻成种子生长，那么校园教育和社会就是种子成长的两个场域，姑且把校园教育比喻成温室，田野比喻成社会。温室为弱小的种子挡风遮雨，同时种子在温室里被悉心照顾，发芽、抽枝、长叶，然后移植到合适的田野里，有了合适的阳光和雨露，进而成长为田野的主人。但也许会遭遇突变的气候，曾经温室里的盛开花朵也会枯萎，沦为田野的泥土。

2.3.3.1 设计教育

设计教育是培养设计师的一个直接的外在因素，是培养设计师的客场。设计教育强调了感知力在设计学习中的重要性。只有对设计原则理解得足够深刻、足够坚定，并付诸实践，才有意义。优秀、合格的设计师不仅需要设计院校的理论武装与专业教育，也需要社会行业的实践操作与职业培训。以我国目前的设计教育现状为例，当前设计产业的发展速度远远超过了高校设计教育改革的步伐，所以培养的人才难以满足产业需求，也就是高校设计教育未能适应或满足产业对设计人才培养的需求。

2015年工业设计的定义被重新书写❶、更新，进一步对设计教育提出了新的要求。然而"十年树木，百年树人"，人才培养本就不是短时间就能解决的问题。同时，专业教育滞后于产业发展，也不是仅仅存在于设计专业。几乎所有高校的专业教育都存在这个问题，只是设计行业的特殊性决定了设计始终与最前沿的新技术、新材料、用户新需求等相关，所以在人才的校园输出与社会输入这两个端点上存在明显的距离。

观念的转变对于教育工作者和学生来说同样重要。要明确4年的大学教育不等于终身的职业教育，设计求新求变，不仅是指设计思维的跃迁与独创，更是设计实践因万变的市场与挑战而不断寻找最优解的动态过程。设计专业的学生在高校经过设计理论与方法的武装，期间所积累的技能与经验都难以完全应对实际工作，正如理想状态与公式演算的结果，总是伴随着一点实际的误差。所以高校只是培养设计师的客场。

高校设计教育需要面向产业需求的变革。一方面设计院校加强与产业的联系，比如与企业建立了常态、双向的交流，企业项目与研究内容渗透进专业课程之中。企业不定期在学校举办从业设计师的专题讲座，甚至就业指导课程直接由企业人力资源部门和设计总监组成面试团队，既是课程也是一场真实的求职面试演练等。另一方面，产业对设计人才的需求也可以从社会教育层面实现互补，建立设计师的职业成长教育机制。仅有专业的学院教育是不够的，面向设计师也就是设计毕业生的后续的职业发展与培训也同样重要，如面向专门设计岗位、针对性较强的技能培训。另外已经有越来越多的企业重视设计师的培养与成长，在国内外设计

---

❶ 国际工业设计协会（ICSID）2015年10月17～18日在韩国光州召开了第29届年度代表大会，沿用近60年的国际工业设计协会（ICSID）正式改名为国际设计组织（WDO, World Design Organization），发布了工业设计的最新定义。翻译如下：（工业）设计旨在引导创新、促发商业成功及提供更好质量的生活，是一种将策略性解决问题的过程应用于产品、系统、服务及体验的设计活动。它是一种跨学科的专业，将创新、技术、商业、研究及消费者紧密联系在一起，共同进行创造性活动，将需解决的问题、提出的解决方案进行可视化，重新解构问题，并将其作为建立更好的产品、系统、服务、体验或商业网络的机会，提供新的价值以及竞争优势。（工业）设计是通过其输出物对社会、经济、环境及伦理方面问题的回应，旨在创造一个更好的世界。

会议中的研讨部分和工作坊都有越来越多的业界设计师参与。

2.3.3.2 国家大环境

培养设计师的另外一个外在因素是国家大环境，社会才是设计师成长的主场。"实践出真知""在干中学"等都是对设计专业特征最好的概括。在工业革命以前，设计本是工匠或显或隐的手艺和本领。眼、手、心的综合活动及其特征，也是艺术与设计不离不弃、不远不近的共同基础。正是由于设计专业的实践性，学生需要进入真实的社会工作环境才能逐渐释放在学校积累的能量。甚至更简单粗暴地比对时间与精力，在设计人才的培养上，没有任何一所名校能够保证4年的知识储备足够应对长达40年的职业生涯。因此，社会才是设计师成长的主场。

工业发展能带动经济繁荣并增强国力，然而也要看到欣欣向荣的背后，工业生产对自然材料的索取，工业手段对自然环境造成的破坏。创造力的源泉——大自然被破坏，人也就失去了创造力。工业发展对农业耕地的侵占，人们或被动或主动地远离乡村，背叛了田园生活，或主动走进、或被迫进入城市。对设计师而言，失去的不仅是美好的田园生活，也失去了精神家园与心灵寄托。因此，设计师要做有责任的设计，在设计中强调绿色设计、可持续性设计是非常必要的。

国家层面对设计的政治态度与政策，也是设计发展、设计人才培养的重要因素。设计产业与艺术文化、科学技术、商业经济都有天然的联系。自工业革命到信息技术革命带来的传统产业发展、转型与新产业的兴起，政府、企业、高校等不仅反思过去的发展模式，还从全方位、多层次的框架建构设计产业。与西方国家不同，中国由于特殊的国情与复杂的历史发展，使得几种不同的设计时代同时存在。经济的迅速发展对设计教育的知识构架和体系不断提出新的要求，因此，高校的设计类专业要应对多重产业的发展需求，培养社会所必需的多方面的创新人才。在经济全球化、技术革新与网络发展的时代背景下，产业不断优化和升级，新的设计产业语境逐渐成型，设计师们面临新的机遇和挑战。

2.3.3.3 艺术能力、思想与品行

设计师的艺术能力、思想与品行是培养设计师的内在因素。拉斯金认为设计

师要在艰苦与奢侈中寻找平衡，达到一种平和深思的适度状态。因此，平和的艺术、快乐的家庭生活、民族文化的普遍认同都是形成制造业产品能够满足民众需要的前提和基础，也是好的产品设计的标准。同时设计师作为个体，也能改变社会，如设计师引起公众关注，获得决定权，进而产生有意义的作品。这种观点也促使政府注重明星设计师的培养与打造。设计是一种无形的力量，通过作品、观念渗透入人们的生活、进入文化的方方面面，"将事实告知灵魂，用同情来感动心灵，给予愤怒者安慰，给予粗鲁者文明"。

总体来说，想成为一名优秀的设计师，需要从学生时代就建立终生学习的观念以及养成自主学习与主动思考的习惯。对于设计专业的学生而言，要成为一个设计师不能只停留在爱设计的阶段，设计是一种手段，学习者还需要有别的爱好，成为设计源源不断的灵感与思想来源。只有终生学习、自主学习、主动思考、敢于担当才能应对未来的职业需要。设计师要主动承担起应承担的社会责任、国家责任，以设计服务生活、服务社会，以负责任的态度开展设计，以健康、积极的理念引领生活。

2.4 设计师的职能及责任

设计师为他人创造环境。设计师的使命既可以概念化，也可以具体化。由于对设计的解读不同，设计师所处的阶段不同，设计师的职责也存在一定的差异。从个体角度，对于设计爱好者或是设计学习者的设计人员来说，学好专业知识、熟练地运用创新方法就是他们的职责；对于教授设计学科的专业教师来说，教好学生、做好科研就是他们的职责；对于成熟的商业设计师来说，利用设计帮助企业提高经济效益就是他们的基本职责；对于非营利性设计师来说，运用设计方法帮危扶困、救伤救难、关注弱势群体、关注地球环境等就是他们的职责；对于运用设计思维到企业管理中的管理者来说，充分发挥设计思维这个工具包、工作流程的作用，经营好企业就是他们的工作职责。

但如果把设计师当成一个整体，设计师的职责存在着一定的共性。学术界正式提出设计师社会责任的是维克多·帕帕奈克，其在《为真实的世界设计》一书中提到设计师在设计过程的前、中、后三个阶段都需要肩负起相应的职责。

在设计正式开始之前，设计师需要从用户的角度出发，思考用户到底需要什么，设计的结果是能够满足用户真实需求（needs）的，而不是"欲求"（wants），要对最终用户本身进行调研，考虑使用者不同的社会文化背景，包括习俗、人种、宗教、政治等，要把设计结果放置在不同的环境以及场景中进行探讨，包括城市、农村、海洋、山脉、在家里、在路上等多种场景，尽可能多地扩大产品的适用范围，不要为了小范围内的人群去设计，而应该为全部的人，包括残障人士以及第三世界的人群去创造价值。这一切均是为了准确地定义及描述问题，准确的问题定义及描述是解决问题的前提条件，设计师有责任通过设计的方法去体验、去感知，从不确定性中发现共性的问题并准确地呈现出来。正如保罗·兰德（Paul Rand，1914—1996）所说："简言之……设计师的任务是重新创造或重述问题。"

在设计过程中，设计师角色的不同使其职责也存在一定的差异，"根据公司从事的商业类型、产品的使用周期情况，设计师的工作可分为模仿、改装、重新界定主要功能和开发全新理念"。当设计师从基础的、底层的设计执行工作逐渐进入公司的管理层与决策层时，设计师对未来的设计结果可以进行更深刻的影响与干预，甚至可以对企业设计发展进行长远的规划并影响企业的商业模式。设计师也是生产商、工程师、应用科学家等与消费者之间的协调者。单纯地从设计而言，设计师需要思考所设计的产品"是否符合公司的发展需求，产品本身是否合理，是否是柔与坚、情与思、觉与智的融合"，使用是否合理，是不是为了大多数人而设计，价格是否合理，同时要考虑在制造过程、使用过程是否对环境有影响，当然对自己有着更高要求的设计师，还需要思考这个设计是否属于过度的设计。

设计完成之后，设计师需要配合多个部门使设计产品落地，其中包括监督生产执行，配合品控人员对产品进行质量检查，产品上市以后持续跟踪产品信息，及时了解用户使用情况，掌握产品反馈并改良产品。并思考设计对用户、社会、环境所带来的正、负面影响。

用户在消费产品、使用物品时，不仅在享受其使用功能，更是在接受着设计师所要表达的某种设计理念，同时也是在与某个公司、设计组织发生着某种特定的联系。在这样一种"企业-设计-物品-用户"的循环链条中，部分设计师在"消费"用户对设计师、设计组织的信任，沦为了商业的同谋，眼中仅有商业利润和销售曲线。其设计作品不再仅仅是"以人为本"甚至向用户推荐用户根本不需要的物品。虽然说设计的成功很大程度上取决于商品在经济领域的成功，设计师本身也是经济的附庸，但是为了经济发展而去做设计，为了时尚流行而去刺激消费就会造成资源的浪费以及人类生活方式的不健康。过度的商业化设计，这里的"度"存在着某种动态的变化，这种变化随着人群、环境、地域、消费者身份的不同而不同，同样一件设计作品在发达国家适用，在发展中国家就不一定适用。这种"度"的把握同时有着超越地理限制以及政治制度的解释，设计师应该做适度的设计以保护我们人类共同生存的地球，不要浪费资源，不要做无节制的设计，不要为了某些商业利润做出没有底线的设计。对于这些类型的设计，设计师及设计组织要勇于说"不"。

设计的目的是改变人的生活环境，设计师在这个过程中承担着很重要的责任，他们要为自己设计的产品所产生的反应、社会影响而负责任。设计师的个人道德意识决定了其设计的产品的价值和导向，是否对社会产生了积极的影响。设计师做设计是一种社会行为，伦理学家约纳斯说："人类不仅要对自己负责，要对自己周围的人负责，还要对子孙后代负责，不仅要对人负责，还要对自然界负责，对其他生物负责，对地球负责。"虽然处于信息化商业时代，但是做设计不可过度以商业价值导向为主，还要考虑是否能够充分解决用户的顾虑、是否对环境造成污染等关系到社会的因素。

约翰·沃克在《设计历史与设计的历史》一书的导言中写道："良好的设计不只是趣味和风格的问题，毫不夸张地说，它是关系到生存和死亡的事件。大量失败的设计表明，设计实在是太重要了，那些把它当作商业公司获取利润的手段的设计师或那些把它作为在竞选中提高自己形象的政客们，是不能胜任设计的重任的。"确实，设计不是一种纯粹的艺术和美学行为，更不是一种浪漫主义的思想行为，而是一种实实在在地影响人类的生存和生命的活动，它必须具有高度的社会责任意识。设计师及其作品都在社会范围内发挥作用，都具有社会属性，因此设计不仅要解决人们的需求问题，顺应市场规律，还要关注人们的生活状态，关注社会，关注全领域、全人类，将设计价值提升到社会层面，真心实意地为生活谋设计、为人民谋利益。

1993年时任飞利浦设计中心全球设计总监与多姆斯学院教授的斯丹法诺·马扎诺（Stefano Marzano）在英国格拉斯哥召开的国际设计大会上提交论文《巧克力早餐》(Chocolate for Breakfast)，在可持续发展的框架下，对当代设计现实处境、未来期许和设计原则以及设计的责任进行了全面的讨论。他认为，设计是一种政策性的活动（political action），设计师应当尽可能地推进设计与社会、政府的合作，引导社会向可持续发展的社会转变，从重数量增长走向重质量增长，促进企业利润保障的思想不应该继续指导当代设计，企业也不应该只把目光停留在销售商身上，设计界的指导原则应该建立在一套国际原则的基础上。这套原则实际上就是可持续发展的原则，涉及环境、南北经济不平衡、重要的非营利性产品与服务如何在国际范围内有效进行、对市场和技术造成失业承担责任等问题。他强调好的设计是满足真正需要和拥有永恒价值的产品创新。

设计师要为自己作品的实用性、可靠性负责，从不以追求短暂的商业成功为目标等小责任，上升为兴邦强国的大责任。目前我国大力提倡的"工匠精神"也是一种对职业社会责任的关注，与"制造兴邦，设计强国"的国家发展战略也是一脉相承的。

不仅如此，现代设计从诞生之初，设计理论家、教育家就不断强调为大众而设计，因此设计的现代性带有天然的、与生俱来的民主性。设计的民主性意味着设计的社会责任，这份责任或大或小。这种民主主义的艺术精神在整个20世纪，伴随着社会主义思想的发展，一直影响着先锋设计运动。负有盛名的"现代主义集大成者"包豪斯（Bauhaus），受创始人瓦尔特·格罗皮乌斯（Walter Gropius）的影响，将办学理念与德意志制造联盟时期形成的"设计强国"的理念联系在一起。

设计师需要关注国家强盛、关注民生、关注民族复兴、关注人类的未来。"设计"要创造人类健康的、公平的、合理的生存方式，所以设计是引导人们分享、制约人类对"物"占有欲的实践。设计师将"设计"服务于有形,更服务于无形。最后,设计师可以积极地在科技的发展的空间里创造更多的"文化价值",将人类的生活空间更健康合理化。设计一定程度上可以改变社会,创造人类未来美好生活方式的出路。"创新"不仅在于发明新技术、新工具,还在于应用新技术,带给人类视野和维度的改变,调整人们观察世界的方式,开发人们的理想,提出新的观念、新的理论。

第3章

行业中的设计师及设计师群体

3.1 设计师的分类

在手工艺设计的阶段,从事设计的人被称为艺术家或匠人,按照所从事的工作内容分类。工业革命后,手工业转向了机器大工业,在大规模工业化生产背景下,最早的"设计师"概念逐渐形成,在20世纪20年代美国开始出现工业设计师后,设计师逐渐从生产中独立出来而职业化。但设计师的分类并不明显,专业分工也不细致,个体设计师能够涉及的领域较为广泛,既能设计包装,又能设计汽车,甚至还可以设计建筑。但随着劳动分工的深入,设计师的工作内容、职责越来越明确,专业化程度越来越高,设计的专业分工也越来越细致,产生了越来越多的设计类型,也出现了不同类型的设计人员。不同的设计类型,各有其特殊的现实性和规律性,同时又都遵循着设计发展的共同规律,并在此基础上相互联系、相互渗透、相互影响。

同样一位设计师,既可以根据其工作内容称其为某某设计师,也可以根据在设计中的作用对其进行归类,不同的分类标准带来不同分类的产生。

3.1.1 按照供职机构的属性分类

按照供职机构的属性也就是产业聚集方式进行分类,可以将设计人员分为企业设计师(甲方设计师)、设计公司设计师(乙方设计师)、自由设计师。

企业设计师(甲方设计师)主要是相对设计公司设计师(乙方设计师)而言,一般是指在产业结构相对完善的企业中从事设计工作的人员。其工作内容一般包括设计创意策划、设计品质把控、沟通协调以及设计执行。企业设计师不仅要协调好企业内部各部门、各项目上的设计需求,同时要解读设计需求,使其转化成为设计人员能够理解的文字或图形以确保设计要求的可实施性。如果设计项目外包给某设计公司，企业设计师还要不断地与乙方设计师沟通、协调并验收项目是否符合公司预期，充当设计品质把控及沟通协调的作用，为企业谋取最大化的利益。从这个角度来说企业设计师更多的是从事设计管理的工作。但是，企业中那些没有外包出去的设计任务就会由企业设计师执行完成，这时设计师在企业的工作内容就不能再称为甲方设计师了。在执行设计任务时，设计师与各部门直接沟通协调获取一手信息并直接汇报设计成果，整个设计工作是企业内部工作的一部分，也能够更好地与其他工序相互衔接。由此可见，企业设计师不仅需要有扎实的设计功底，同时也要能够善于沟通、乐于沟通，并能够有效地把握设计品质，对设计人员的个人要求更高。这也是为什么企业招聘设计人员的时候均经过层层考核，而大部分的考核内容与设计本身无关。

设计公司设计师（乙方设计师）是指在专业的设计公司内从事设计工作的人员，这里的乙方设计师并不是相对甲方设计师而言，而是设计公司的设计业务均来自某甲方，故而设计公司的设计师也称为乙方设计师。总体来说，设计公司设计师的工作职责是完成某甲方的设计任务。有的设计公司设计师仅仅是画图，有的是纯粹做设计，有的需要做创意策划，也有的需要将甲方的委托跟踪落地，当然所有的设计公司设计师均需要具备良好的沟通技能。从国内设计公司的整体情况来看，设计公司设计师的工作强度大、效率高、涉猎面广。

经常有设计师及设计教育工作者在一起对比讨论企业设计师和设计公司设计师，均认为企业设计师因为工作内容相对单一、使得设计做得更加精、专，企业设计师也能够更好地融入其产业链，深耕某个行业；同时也认为设计公司设计师因为工作强度大、效率高、涉猎面更加宽广使其设计能力更强，也能够掌握更多的产业链资源，设计师本人有着更多不可预期的前景。

自由设计师在某些领域也被称为独立设计师，他们和企业设计师、设计公司设计师均有一定的不同。他们没有固定的上班时间或地点，虽然从事设计工作但是没有固定的设计内容，工作对象和工作内容完全根据个人的主观状态来定。自由设计师的"自由"主要指的是工作时间、地点或是设计创意和风格，就设计本身而言并不是可以不遵循设计规律的，自由设计师的设计创意同样需要依靠产业链的资源才能落地。

3.1.2　按照设计行业的领域横向分类

按照设计行业的领域进行横向分类，整体来说可以把设计人员分为面向制造行业的设计师以及面向服务业的设计师，可以将设计人员分为平面设计师、环境设计师、工业设计师、交互设计师、建筑设计师等。也可以是指在同一领域内，根据擅长技能再细分，如工业设计公司的设计师内部可以再分为数字模型师、创意设计师等，而汽车设计师可以分为车身设计师、外饰设计师、内饰设计师、数字模型师等。

3.1.2.1　面向制造行业的设计师

制造业是指机械工业时代将某种资源（物料、能源、设备、工具、资金、技术、信息和人力等），按照市场要求，通过制造过程，转化为可供人们使用和利用的大型工具、工业品与生活消费产品的行业。

制造业直接体现了一个国家的生产力水平，是区别发展中国家和发达国家的重要因素，在世界发达国家和部分发展中国家的国民经济中占有重要份额。根据国民经济行业分类（GB/T 4754—2017），制造业主要包括：农副食品加工业；食品制造业；酒、饮料和精制茶制造业；烟草制品业；纺织业；纺织服装、服饰业；皮革、毛皮、羽毛及其制品和制鞋业；木材加工和木、竹、藤、棕、草制品业；家具制造业；造纸和纸制品业；印刷和记录媒介复制业；文教、工美、体育和娱乐用品制造业；石油、煤炭及其他燃料加工业；化学原料和化学制品制造业；医药制造业；化学纤维制造业；橡胶和塑料制品业；非金属矿物制品业；黑色金属冶炼和压延加工业；有色金属冶炼和压延加工业；金属制品业；通用设备制造业；专用设备制造业；汽车制造业；铁路、船舶、航空航天和其他交通运输设备制造业；电气机械和器材制造业；计算机、通信和其他电子设备制造业；仪器仪表制造业；其他制造业，如日用杂品制造等；废弃资源综合利用业；金属制品、机械和设备修理业等。

几乎所有的制造产业都需要设计师，有一些行业中的设计师对该行业起着至关重要的作用，例如汽车设计师、消费电子产品设计师、家具设计师等。

3.1.2.2 面向服务行业的设计师

服务业是国民经济中在流通、生产生活、科学文化教育、社会公共需要等领域提供各种劳务的部门或行业。服务业又称第三产业或第三次产业，是指专门生产和销售服务的产业，它的范围包括除第一、第二产业以外的产业。"服务"是一种可供销售的活动，是以等价交换的形式为满足企业、公共团体或其他社会公众的需要而提供的劳务活动或物质产品。根据世界贸易组织统计和信息系统局（SISD）的国际服务贸易分类表，国际服务贸易分为11大类142个服务项目，这个分类表基本上包括了服务业的主要范围，包括商业服务、信息服务、建筑相关的服务、教育服务、金融服务、健康服务等。以商业服务为例，就包括广告设计服务。在众多的服务行业中，设计师也无处不在，在现阶段最突出的服务行业的设计师有用户体验设计师、交互设计师、UI（界面）设计师等。

3.1.3 按照设计职位的层级进行职业的纵向分类

按照设计职位的层级分类进行职业的纵向分类，可以将设计人员分为设计总监、设计师、助理设计师、设计学习者等。

3.1.3.1 设计学习者

设计学习者指的是在校的设计专业学生、非科班出身的设计学习者、实习生与刚毕业的从业者。在入门时，学习者处于混沌期，脑子里到处都是疑问，需要了解和掌握的太多，自己觉得很困顿并且学习吃力，而且始终伴随着紧迫感和在一个庞大的设计体系中迷失方向的失落感。由于这个时期需要学习的不仅仅是操作技能类的能力，还要学习各类设计思维与设计方法，诸多内容与知识呈碎片化状态，不能成为一个有内在联系的完整体系。知识的积累是需要过程的，在学习过程中不仅要学习课程，同时应该时刻关注所在领域的最新动向，发现新工具，时刻了解业内最前沿的动态。不断地将自己学到的知识运用到实际的设计中，在练习中巩固知识，发现自己的缺陷，在一次次的设计过程中提升自己。

3.1.3.2 助理设计师

助理设计师需要用时间去感受作为一个设计师会经历的工作内容。这个阶段很辛苦，但这个阶段很有必要，因为这是熟悉行业整体工作最重要的阶段，也就是入门的时期，不断学习新内容、学习如何将自己的能力发挥出来，运用到实际的工作当中。这个阶段也应该不断看工具书，不断夯实基础能力，在完整的项目中，从合同前期勘察到后期项目的落实，深度跟踪完整的项目，会让助理设计师真正地学到东西。

助理设计师的工作内容主要包括两大类：一是协助主创设计师、项目负责人做好项目基本的准备工作；二是协助主创设计师、项目负责人进行设计细节的执行。助理设计师需要具备硬核的专业能力且做事主动、可靠、极致。助理因缺乏项目经验，一般不会直接做方案设计工作，硬核的专业能力指的是任务理解力。

3.1.3.3 设计师

设计师指的是主创设计师与团队中的设计师成员，在经过助理设计师阶段后，设计师能够独立完成设计项目，不仅能考虑功能，也能兼顾工艺、造价，有自己的审美观，以自己的世界观、设计观结合客户的需求完成设计。在这个阶段同样需要不断学习，在项目中积累经验，学会与团队合作或带领团队。

3.1.3.4 设计总监

设计总监的主要工作对象是"人"，即其管理的工作人员，其工作内容主要是人员管理和项目管理，一般在设计的过程中主要负责制订流程，在关键节点进行项目质量把控，当然也要担负起团队建设及培养的责任，设计总监在设计项目中是起到带头以及决定性作用的。设计总监负责设计管理而不是设计具体工作，工作和精力集中在业务承接、项目的整体把握度上，并指导和管理团队做项目，设计总监的工作职责如下。

① 负责设计部项目的组织实施，执行项目设计的规划、分配工作及规则制订；合理优化组内人员工作分配。

② 负责对本部门组员进行定期技能培训，并且协调组员之间工作上的问题，充分调动组员专业方面的最大创意能力及创意效率，头脑风暴这类创意会议尽量让组员全体参与，定期做技能专业考核并且列入全年工作业绩考核中。

③ 能独立果断地判断出概念设计方案并能遵循大市场定位、国际时尚风格走向等；同时负责与客户进行沟通，精准地向客户阐述出设计理念，并让客户信服。

④ 建立设计部服务规划文档及部门开发运行中的各项规定。

⑤ 考核部门内部员工的业绩、态度和潜力。

⑥ 协同部门财务预算制订、控制以及完善激励考核制度。

职位层级的提升首先需要专业能力的提高。就像前文所述，设计师的成长需要终生学习，不断地提升专业技能，将专业能力与思维、沟通等能力不断强化融合，一步一步成为一名优秀的设计师。

3.1.4 以设计人员价值呈现方式的不同进行分类

以设计人员价值呈现方式的不同可以将设计师分为：作为主创的设计师、作为协助者的设计师、作为项目发起人的设计师等。

3.1.4.1 作为主创的设计师

作为主创的设计师就是负责一个项目的主要设计师，对此项目的设计输出负责。主创设计师需要充分理解公司的文化和核心价值观，并与小组设计人员沟通、传达。主创设计师需要有一定的工作经验，多数公司要求有 5~10 年的工作经验。

主创设计师的主要工作职责包括：做好项目的人员组织、项目策划、进度协调及成本控制，及时发现并组织解决项目中出现的相关问题；组织并参与项目设计方案或成果汇报；主导公司所有重要项目；负责实施中的设计方案交底、监督、验收等阶段；从方案设计到草图、模型等制作，负责项目作品的创意设计，带领团队开展设计工作。

主创设计师需要具备的主要能力包括：

① 拥有独立负责完成大、中型项目的经验；

② 方案构思能力优秀，创意新颖，善于利用、引导团队开发创作，保证并监督作品质量；

③ 具有较强的方案突击能力与良好的把控力，能协调多个项目同时进行，合理安排并领导组员工作；

④ 能够协调团队内部与其他专业之间的工作关系；

⑤ 能够协助公司定期对小组成员进行评估报告和发展建议，协同公司发展制订部门规划；协助公司对小组成员进行专业培训和指导；

⑥ 能够在专业技术会议或讨论中清晰、准确、有效地表述专业问题和解决方法，具备良好的与业主、公司成员沟通的能力；

⑦ 具备良好的职业道德、团队合作精神，有引领团队设计方向的经验与热情，致力于景观设计行业的长期发展，有匠心精神。

3.1.4.2 作为协助者的设计师

作为协助者的设计师一般是设计师或助理设计师。其工作内容及职责一般是配合主创设计师完成设计项目，作为协助者的设计师可以从主创设计师那里学习到更多的项目经验和设计经验，为职业层级的提升打好基础。

3.1.4.3 作为项目发起人的设计师

作为项目发起人的设计师更像是一个全链路设计师或创业型设计师，全链路设计师是参与整个商业链条，为每个会影响用户体验的地方提供设计的可解决方案，最后既满足了商业目标，又提升了产品的用户体验和设计质量的设计师。

作为发起人在准备做这个项目时，应该对这个项目的整套体系都把握透彻。同时作为设计创业者，是一个为了更好地完成使命，去创造和推动设计的思维、方法、机会和氛围落地，最终让设计产生更大的价值的角色。站在这个角度来说，"全链路"作为一个需要掌握的设计能力再正常不过了。

发起人的职责就是起到领头作用，能明确分工、思路清晰，要带领技术人员提高企业效益。发起人需要具备的能力包括：

① 提升自身能力，不断学习专业知识与运营知识，能够做设计团队与运营团

队的领头羊；

② 要有良好的沟通能力，要确保技术人员、产品经理、设计师各方信息互通，能够将想法传递给整个团队或公司，能够引领团队为了共同的目标前进并且掌控全局；

③ 有清晰的使命和目标，要有一个可具体衡量的目标，并对目标进行拆解，找到实现路径，找到通过团队自身或外部合作，找到能够提升这个目标的方法，为了这个使命协调团队，使团队具备坚持的原则和氛围。

3.1.5 以设计人员工作方式及思考侧重点的不同进行分类

以设计人员工作方式及思考侧重点的不同，可以将设计师分为工匠型设计师、管理型设计师、策划型设计师等。

3.1.5.1 工匠型设计师

工匠型设计师是实干型的设计师。在设计行业里出名的个人设计师都是有才气的设计师，也就是说有艺术气息和想法的人。但在行业里真正走到管理层、作为成熟公司和团队的设计总监的人，往往是实际工作管理得非常好的设计师。这类设计师个人作品往往比较平淡，他们特别关注"绩效"，做事情更多地计算投入产出比，会把自己的工作计划和节奏弄得很清楚。另一种就是工匠型设计师，更关注当下的情感，较为感性地做事情。

这是两种不同设计师之间的差别。工匠型设计师更多地是关注作品如何表现出自己的情感和思想，认真地去完善自己的作品，表达自己的创意，而对于具体为什么这样设计他们一开始不用想得特别明白。他们执着，不一定能解释自己的想法，也不一定听进去别人的想法。他们更具有工匠精神，觉得只要是自己做的就一定要做好，要能够体现出自己的"气质"。

3.1.5.2 管理型设计师

管理型设计师是很多设计师的职业目标，相当于功能型产品经理。这类设计师积累了相当多的项目经验，对行业需求有深入的分析了解，有较强的领导和组织能力，具有长远的眼光和良好的沟通表达能力，面对责任和风险不退缩。

设计管理作为连接产品策划与设计落地的关键环节，是将前期开发构思、投资目标进行可预见、可量化的分析和实现的技术过程。设计成果是否经济合理直接影响到项目开发的成败，所以对设计工作进行有效的管理是极为重要的一环。设计管理工作可以概括为横向协调和纵向管理两个维度。其中，横向协调是日常工作中与平行职能或者其他设计专业之间的沟通与协调，比如项目开发前期与投拓、合约、营销等职能部门就项目定位问题进行多方协商与论证。纵向管理则是在专业方面，对于设计合作单位、施工单位以及相应二次深化单位的管理。比如在方案设计阶段以梳理项目的各项需求为前提条件，思考需要什么样的设计成果来匹配项目定位，将相关要求整理成设计任务书交由合适的设计单位完成，同时承担过程纠偏和成果评判与信息反馈。纵向管理主要考验专业能力与决策能力，过程的设计质量把控与阶段成果评审都需要有一定的设计经验与专业能力支持。

管理型设计师主要工作内容及职责为：

① 跟踪并监督设计单位各个工作阶段的相关成果；

② 方案的设计质量及实施效果的把控；

③ 审查施工图是否建立在保证实施效果的基础上，是否达到图纸深度要求、设计限额要求及设计规范要求；

④ 安排各种材料样板的初选及复选工作；

⑤ 组织施工图的会审工作，同时协调设计部、项目部、施工方进行设计交底。

3.1.5.3 策划型设计师

策划型设计师偏重于创意和设计定位，其主要工作内容包括：

① 熟悉业务；

② 了解用户需求；

③ 找出能为用户带来用户价值，为公司带来业务价值的点；

④ 更多地是将找到的点化为需要的策略，或者是需要策略实现的目的；

⑤ 根据市场反馈、用户认知与业务发展阶段的不同、战略方向的不同不断调

整和优化设计策略。

策划型设计师与管理型设计师有一定的异同。他们之间的相同点在于，都要通过了解用户的需求，同时要结合业务来考虑，然后想办法解决需求，为用户创造价值。不同点在于管理型设计师的工作中心往往是协同设计团队、实现产品具体的功能，而策划型设计师重心在于设计的前期，通过对于各种信息的整合发现用户的真实需求，通过精准的设计策划对用户、项目、设计内容产生一系列的影响。

当然，不论是什么样的分类方式都无法在"人人都是设计师"的时代把所有的设计师囊括其中，同时，不同的企业对设计师的职能有着不同的划分。但是不论怎样，设计师在越来越多的行业中发挥着越来越重要的作用。

3.2 20世纪设计职业在中国的形成

20世纪中国社会制度的改变对各个领域产生了极大的影响，如文学、教育、军事等方面开始探索体系化建设。"艺术设计"便是20世纪中国社会变革的产物，并开始在中国各设计院校、艺术院校设置环境艺术设计、工业设计、装潢设计、服饰设计、陶瓷艺术设计等专业内容。而设计师并不是一蹴而就产生的，也不是艺术设计的成果和附属品，其发展有一定过程，和艺术设计体系的建立相辅相成，共同成就。纵观20世纪的设计师群体，不乏文人、艺术家、建筑师、工人、手工艺人和工程师等各行各业人士，这些群体是设计专业化以及大众化的重要推动力。

3.2.1 进步文人从事设计

说起鲁迅，大家都知道他一生在文学创作、批评、翻译、史论等领域有重大贡献，被认为是"中国现代文学的奠基人"，可很少人知道他与艺术设计有着深厚的渊源。除了引进美学史论、形成"技术美学"研究方向外,他自己本身还是一位"平面设计师",设计作品包括标志设计、字体设计、书籍装帧设计、版式设计和插画设计等。

1917年8月,时任北大校长的蔡元培先生邀请鲁迅设计北大校徽,也就是现今广为人知的北大校徽,设计灵感是来自于中国传统汉族建筑的重要部件——瓦当,简洁的轮廓既能够使人们快速识别其设计来源,又能够给人一种现代的视觉感受。格式构图采用中国印章形式,篆书特征,笔锋圆润,笔画安排均匀合理,线条流畅规整,整个造型结构紧凑、简洁大气。文字内容是"北大"两个篆字上下排列,上部的"北"字是背对背侧立的两个人像,下部的"大"字是一个正面站立的人像,有如一人背负二人,构成了"三人成众"的意象,寓意是"北大人肩负着开启民智的重任"。同时,"北大"二字还有"脊梁"的象征意义,借此希望北京大学毕业生成为国家民主与进步的脊梁。北大校徽及其灵感来源见图3-1和图3-2。

(a)现北大校徽

(b)最初北大校徽

图3-1 北大校徽

▲1044 延年益寿瓦当 汉
西安市西郊采集。
面径17.5厘米

▲1045 延年益寿瓦当 汉
西安市枣园村汉代影山楼遗址出土。面径16.7厘米

▲1046 延年益寿瓦当 汉
西安市西郊出土。
面径16厘米

图3-2 北大校徽设计灵感来源

另外，鲁迅还是民国初期国徽的设计者，元素采用十二章，又称"十二纹章"，是古代贵族礼服上的十二种纹饰，分别为日、月、星辰、山、龙、华虫、宗彝、藻、火、粉米、黼、黻。十二章国徽参考了西方国徽，以盾牌为核心图案，其他部件皆附属之；"黼"可看作是盾的变体。整个设计体现了中华民族特殊的"天人合一"的文化观念和美学思想，见图3-3和图3-4。

图3-3　中华民国国徽（北洋时期）　　　　图3-4　十二章

当然，鲁迅在平面设计中的另一伟大造诣便是书籍设计，作品均为中国传统思想与西方思想的融合体现。鲁迅曾为《呐喊》设计封面，整体的字体造型采用了传统的篆刻形式，但字体线条舒展，清晰有力。笔画进行了设计加工处理，对线条进行抽象及简化，与书中要旨契合，拟人态势十足，仿若众人齐声呐喊，具有强烈的隐喻意味（图3-5）。《朝花夕拾》插图颜色鲜艳，以简笔画方式呈现，配上甲骨文稚拙尖利的文字特征，又结合现代方圆变化的线条，体现了散文的闲情逸致和趣味性（图3-6）。磅礴大气的《萌芽月刊》封面中，洒脱大气的文字配上红色的数字，既有着中国书法的意蕴，又彰显了现代文字的图案化设计技巧（图3-7）。从这些作品中不难发现，鲁迅喜爱并善于运用文字作为封面设计的主要视觉表达元素，善于挖掘古文字、古元素的特点，适当结合西方艺术风格，呈现出或沉稳大气、或庄重古朴、或可爱多趣的多种形态。鲁迅对书籍内的插图设计也是热情高涨，源于他对于木刻版画的钟情，如他为《心的探险》所作的封面（图

3-8）。这幅充满想象力的作品，书籍封面图案是截取于"掠取六朝人墓门的画像"中的部分图案，群魃腾云跳舞图案遍布整个封面，由上至下，繁而不乱，将神秘诡谲的气氛营造得恰如其分，在视觉中心提上书名和作者，整个元素、构图、造型均与书内主旨相符，文字与图案既和谐又充满神秘之感，耐人寻味。鲁迅将插画和图案应用在封面上，打破了图案只用在书中的传统，为中国的封面设计开启了配置插画的先例。

图3-5 《呐喊》封面　　　　　图3-6 《朝花夕拾》封面

鲁迅改变了中国现代书籍设计的面貌，他也影响不同时期的很多文人加入书籍设计，书籍设计领域呈现出了异彩纷呈的样貌。陶元庆、钱君陶、孙福熙等人在设计中都吸收了鲁迅的设计思想，并在这个基础上拓展出了自身的风格，渐渐形成了以鲁迅为中心的"文人设计圈"，兼具传统文人气质和西方进步思想的书籍设计作品走上了历史舞台。

图 3-7 《萌芽月刊》封面　　　　　　图 3-8 《心的探险》封面

3.2.2　艺术家走向实用美术（工艺美术）

　　艺术作品是艺术家对客观世界的认识和反映，存在着大量的个人情感、理想和价值观等主体性因素，某种程度上是一种精神产品。而工艺美术以实用为主要目的，并具有审美特性，是造型艺术之一，既是物质产品，又具有不同程度精神方面的审美性。两者关联并不是特别地紧密，但庞薰琹却以个体的方式做到了在艺术和工艺美术间自由互通。

　　庞薰琹是20世纪中国著名的画家和工艺美术教育家，他所从事的艺术活动大体可以分为三类：现代主义绘画、中国传统装饰画研究和工艺美术教育。民族性是庞薰琹艺术追求的价值体现，也是他的梦想和努力方向。

　　1925年，庞薰琹前往巴黎弃医学画，视野的开拓使得他开始思考自己的未来以及艺术的价值，期间他接受了油画和素描等的技能训练，渐渐地领悟了艺术的真谛，并且通过参加各种展览、演讲，认识到艺术民族性的重要性，这使他埋下了研究中国艺术的种子。

1930年初，庞薰琹回到了阔别五年的祖国。经过巴黎的感悟，庞薰琹决定由中国的正统艺术入手，希望能找到"中国的心灵"。于是这一年，他没有在繁华的上海逗留，而是返回了家乡常熟，沉浸在中国古典画论、画史的研读中。"于是我决定先回常熟去，在家乡先看一些中国绘画史与画论。回到家乡，脱去了西装，换上了长袍。放下了外文书籍，埋头在线装书中，拿起中国笔墨，用传统笔法画人物画。"研究这些的目的在庞薰琹的自传中也有提及："继续探索如何表现'民族性'与'装饰性'的问题。"

庞薰琹在抗日战争爆发后深入到"地无三尺平，天无三日晴，人无三分银"的贵州少数民族地区收集民间装饰资料，对其中西融合艺术思想走向成熟起着决定性的作用。贵州之行庞薰琹不仅收集到了600多件花边，而且收集到从头到脚的全套服饰，他说道："这种群众中潜在的艺术智慧，对我触动很大。从那时起我决心要想尽办法为群众多做一点有益的工作。"1940～1946年间他创作了大量的白描以及水彩类作品。部分白描作品见图3-9，部分水彩作品见图3-10。

(a)《母与子》　　　　　　　(b)《归来》

图3-9　庞薰琹部分白描作品

(a)《赶集归来》　　　　　　　　(b)《割稻》

图 3-10　庞薰琹部分水彩作品

仅从这些作品的标题上便不难看出他对社会现实和民众生活的关注。他能够放弃国外优越的待遇而选择回国内从底层开始研究,加上对民间装饰艺术的浓厚兴趣,使得庞薰琹获得了一把开启民族艺术的金钥匙。一个善于思考、勤于实践的艺术家,当他融贯了中与西、古和今的艺术之后,必然会大彻大悟,在艺术上更为成熟。

中华人民共和国成立以后,国家开始重视保护和恢复传统手工业,开始建立手工合作社生产道路,以工艺美术为主,指引产业走向规模化,因此工艺美术的基本模式被初步建立起来。庞薰琹身为中央工艺美术学院副院长,坚持认为学院应该学习西方艺术设计的思想和教育理念,强调艺术与科学的结合,并认为工艺美术是文化艺术事业,应该培养面向现代生产、规模化、标准化、适合大众的高级创作设计人才,部分工艺美术作品见图 3-11。

庞薰琹的工艺美术思想是指向大众,指向生活的。在人类生活的整个图式中,工艺美术的存在既是生活的一部分,又是变更生活的物质和精神力量。工艺美术一方面适应着社会生活的整体结构和需要,另一方面又以自己的发展影响和改变着社会生活方式的内容和结构。在庞薰琹看来,工艺美术的意义绝不仅仅是延续

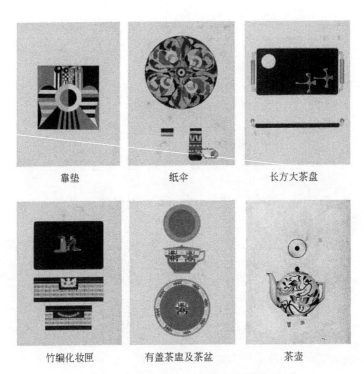

| 靠垫 | 纸伞 | 长方大茶盘 |
| 竹编化妆匣 | 有盖茶盅及茶盆 | 茶壶 |

图3-11 工艺美术品（庞薰琹美术馆藏）

传统，创造产值。他说："工艺美术是大众新的生活方式产生和发展的基础，是一项指向未来的伟大事业。"

3.2.3 从建筑师走向设计

西方各领域设计几乎都是从建筑设计衍变而来，建筑师从事室内设计和家具设计的例子很多，如威廉·莫里斯为自己设计的"红房子"和家具、壁画、挂毯等，密斯·凡·德·罗设计的巴塞罗那德国馆以及巴塞罗那椅，荷兰风格派代表人物里特维尔德设计的施罗德住宅以及红蓝椅等。当然，中国也有不少建筑师研究中国建筑以及家具，如"明式家具研究第一人"杨耀和"明式家具学会会长"陈增弼师徒。

杨耀（1902—1978），字子扬，是中国研究明式家具的开拓性学者。他在建筑设计专业毕业后任北京协和医院建筑师，机缘巧合与游学中国的德国学者古斯塔夫·艾克开始了对中国明式家具的研究。他个人撰写了一系列有关古代家具的论文，尤其对明式家具产生的类型、结构、造型、榫卯、工艺技艺、装饰手法、历史背景以及艺术成就，做了深入的研究和比较系统的总结，直至今天仍是明式家具研究者参考的范本。他的书中最引人注目的点是他从一位建筑师的角度，用专业的知识技能测绘了大量的家具图纸，见图3-12。

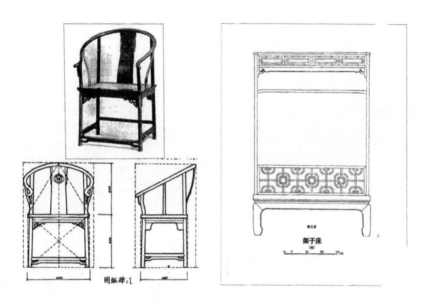

图3-12 《明式家具研究》（杨耀著）书中插图

陈增弼（1933—2008），毕业于清华大学建筑系，师从著名建筑师梁思成先生。毕业后在中国建筑科学院担任建筑师长达21年，是杨耀先生让他改变了人生道路，从建筑设计转向研究传统家具。1990年筹建成立明式家具学会，曾担任名誉会长，是中国家具学科的创建人。作为一位传统的学者，陈增弼几十年如一日，恪守对传统家具的研究和教学。他学术态度严谨，认为"文章千古事"，总是反复斟酌考证，有的一搁就是几年。已发表的如《论汉代无桌》《汉、魏、晋独坐式小榻初论》《太师椅考》《马机考》《千年古榻》《宁波宋椅研究》《明式家具类型与特征》《明式家具功能》《释玫瑰椅》等，都是具有明确观点和研究见解的学术论述。此外，他还撰写了《中国建筑史·家具篇》《红楼梦大辞典·家具篇》《中华艺术辞海·家具篇》《中国工艺美术学院院藏明式家具》等著作。他花了很大部分时间将恩师杨耀30多年间遗散的文稿整理成册，于1984年出版了《明式家具研究》这部中国学者早期的学术专著。

杨耀和陈增弼师徒开拓了20世纪中国研究传统家具的先河，系统阐述明式家具的工艺和文化，为后世研究明式家具、中国家具文化以及开拓新中式家具设计提供了完备的理论基础，推动建立了中国家具学科体系。

3.2.4 从产业工人到设计师

1949年以后，大量的产业工人经过学习、培训走向了设计师的岗位，比如1950年上海美术专科学校与商业结合，为了解决轻工业设计人员不足的情况在工人夜校中开设艺术设计类的课程，授课群体就是轻工业工厂内的工人，开设的课程内容多是突出绘画、造型能力的培养。上海美术专科学校工商美术科的师生辅导工人学习绘画、设计的相关内容。工人夜校开班以后，大量的产业工人承担起企业的设计工作，在纺织厂、水瓶厂、搪瓷厂、药厂等企业内发挥了一定的作用。当然，除了相对专业的夜校以外，轻工业单位对于产业工人向设计人员的转型也做了一定的努力，从最初的师徒制"传、帮、带"到建立企业附属学校，不少艺术设计类技术工人从这里走向工作岗位，如中国纺织建设公司被华东军事管理委员会接管成立了技术训练班，针对产业工人进行技能学习及培训，部分的产业工人经过培训后走向设计师的岗位。"文化大革命"时期为适应工农兵美术设计人才培养与教学、劳动相结合的需要，开展工艺美术教学的"上海市美术训练班"就是半工半读的教学模式。半工半读工艺美术训练班对毕业生的要求是：既是能从事工厂体力劳动生产的工人，同时又是能从事美术创作、设计工作的美术人才训练班学生一半时间在学校学习工艺美术专业课程，一半时间在市轻工业局等单位所属各工厂（如印染厂、玻璃厂、搪瓷厂、手表厂等）从事劳动工作，第一届半工半读商品装潢专业毕业生于1968年毕业，毕业后分配至各工厂工作。❶

---

❶ 来自上海档案馆所收藏的1965年"上海市美术专科学校关于拟试行半工半读的请示报告"，档案号：B243-2-677-54。

产业工人走向设计的岗位,以设计服务国家的经济建设、地方发展,突出了设计的实用价值。产业工人多以集体劳动的形式加入设计师的阵营并承担起设计的工作。比如成都1952年第一台"万国牌"公交车,是由成都公共汽车公司的众多工人在"老爷车"的基础上结合当时手头上能够找到的材料"设计"而成的,见图3-13。

图 **3-13**　成都第一辆公交车

3.2.5　手工艺行业的学徒转型为设计师

提到"月份牌",老一辈人总会把它与上海和杭稚英联系起来,毕竟在前半个20世纪,以杭稚英署名的月份牌就有1600多种,他还开设了稚英画室,是国内最早的广告公司,对中国视觉传达设计、艺术设计有着重要的影响。

杭稚英(1900—1947),名冠群,字稚英,出身于书香门第。从小喜欢画画,13岁跟随父亲在上海商务印书馆图画部学画,服务期满后,他离开印书馆自立门户,设立画室,名为"稚英画室"。他并不是做纯艺术绘画,而是开发商业美术领域,主要从事商品包装、标志设计和广告业务,"月份牌"年画便是其中一项重要的工作。

画室最初由杭稚英、金雪尘、李慕白三人组成,后有招募学生,扩大规模,使得稚英画室成为当时上海最大的设计机构。在操作流程上进行创新,设计人员专人负责不同的设计细分工作,最后由杭稚英统一设计处理,盖上"稚英"的图章,以示责任,这种形式可以说是现代广告设计公司的雏形。由于其质量和产量兼备,合作商家越来越多,几乎遍布整个上海,可以说稚英画室独占了上海月份牌的半壁江山。在绘制过程中,他主要以郑曼陀的炭精擦笔水彩技法为主,糅合西方的素描、水彩、喷绘等技术,又从国外的工艺美术风格和平面设计(广告设计)中吸取借鉴,加上中国传统元素和审美喜好,最终产生了手法细腻而艳丽多姿的月份牌。代表作品主要有:月份牌广告画,如《玉堂清香》等;年画,如《牛郎织女》《大观园》《八仙过海》等。合作设计如美丽牌香烟、蝶霜、雅霜、杏花楼嫦娥奔月月饼盒等包装设计,部分作品见图3-14。

年画:母子欢乐图　　年画:双妹赏梅图　　广生行广告画

香烟广告画　　香粉广告画　　年画:宝钗扑蝶

图3-14 杭稚英部分作品

杭稚英一生从事绘画，将艺术和商业相融，保护传承传统文化，用美术的方式将传统和现代审美结合，提升美术的社会价值和商业价值，其开设的画室是现代广告公司雏形，为后来开设视觉传达设计系提供了范式。

3.2.6 从工程师到设计师

恢复国民经济是中华人民共和国成立后的头等大事，经济建设的总任务就是要使中国由落后的农业国逐步变为强大的工业国。想要提高工业化水平，必须要"断粮"，保证能够自主研发技术，减少进口依赖，将技术牢牢掌握在自己手里。此时，正在中国工业发展的关键时期，一位海归工程师助力中国农机事业，用尺笔勾勒了数个"共和国第一"，和其他专家一起将中国和发达国家的农业装备制造水平拉近了至少50年，这个人便是刘寿荫先生——中国一拖集团前副总工程师。

1948年，24岁的刘寿荫从南京"国立中央大学"机械工程系毕业，随后从南京考入美国斯坦福大学攻读硕士，后转至奥立冈州立大学。在他准备回国改变家乡"二牛抬杠"的落后耕作方式时，朝鲜战争爆发，美国政府发布禁令，禁止科技人才回到中国。无奈之下，刘寿荫来到美国万国拖拉机公司，一边担任新产品部设计工程师，一边等待回国的机会。1955年，刘寿荫来到西德奔驰公司（时称）位于斯图加特的重型和农用机械制造厂担任工程师。一年后踏上了归国路。1958年，刘寿荫放弃中国科学院长春机电研究所的工作，义无反顾奔向正在建设中的中国第一拖拉机制造厂，从1959年到1962年，作为主要设计人员，刘寿荫完成了我国第一代手扶拖拉机工农7型的设计定型，在全国得到了大规模的推广应用。这是真正由中国人自己设计的第一台手扶拖拉机，其性能优良，结构精巧，一机多用，燃油经济，工效比牛耕提高了5～6倍。之后主导参与设计第一台履带拖拉机、第一台665军用越野汽车，到第一台40马力轮式拖拉机、180马力的四轮驱动的轮式拖拉机……刘寿荫是中国一拖第一代建设者，成功地将中国农机从模仿到自主研发而推向全世界。

从第一代拖拉机说起，东方红-75履带拖拉机刚生产便受到大众的喜爱，但是随着试用技术的经验累积和技术的成熟，这台机械逐渐显现出品种单一、综合利用差等问题,因此刘寿荫等人开始探索转型,在技术和结构上做更改和创新,提出以下几点构思。

① 把整机作为动力头,改履带式为轮胎式,用铰接转向与各类前置工作装置组台,并充分利用拖拉机液压动力和前后动力输出轴的特点发展各种工程机械变型,开拓出有广阔前景的工程变型产品。

② 利用工厂军工生产原有的厂房和适合批量生产大型铆焊件、厚钢板成形、大件加工、装配等类型产品的设备优势,实现军转民的要求。用产品改革给企业注入新的活力,迅速增加经济效益。

③ 充分发挥现有大量生产老产品的优势,发展投资少、见效快、零部件可靠的变型产品。如图3-15所示,东方-YZ10型震动压路机就是根据东方红-75履带拖拉机演变而来的,根据工作性质不同,将原来发动机前置改为后置。

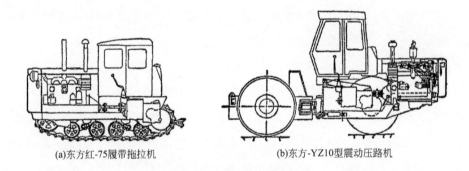

(a) 东方红-75履带拖拉机　　　　　(b) 东方-YZ10型震动压路机

图3-15　两种机型结构对比

20世纪,在国内工业装备领域几乎是没有外观设计师的,这种角色大部分是工程师或结构工程师扮演,这时候谨遵"结构决定外观""功能决定形式"的理念,考虑更多的是功能和安全问题,当然也会考虑到色彩的搭配、是否符合人的尺寸操作习惯等问题,但是没有专门的工业设计师来参与,外观设计是处于一种边缘位置的。

总体来说,20世纪是中西方文化融会贯通的时代,很多学者、文人、建筑师、工程师都在积极吸收外来思想,并结合传统文化、特殊国情进行创新和设计,提高设计教育在高校和社会的认知度。直至今天,企业被鼓励成立自己的工业设中心，把设计从边缘位置拉到视觉中心，并且将设计融入生活的方方面面，期望设计能够更好地提升国民生活质量。

3.3 设计师群体

第二次世界大战以后，由于设计在商业上的成功应用，设计师的重要性得到了广泛的认可，形成了职业身份意识，越来越多的商业需要设计，带来了更多的人从事设计，设计师开始不断地聚集，形成了设计师群体。个体设计师因产业差异与服务方式不同，而形成了属性各不相同的群体，有的专注于一类行业，是大型企业设计团队的一员；有的从事各类不同物品的设计，供职于设计公司；也有的提供与设计密切相关的服务，是平台型组织机构的一分子；也有的是创新团队的核心成员，更有不少设计师以自由职业者的身份在跨界领域取得了丰硕的成果。

设计师群体，顾名思义就是多名设计师所形成的团体，套用管理学的概念可以称为设计组织。设计组织是与设计活动、设计产业有关的各种职能集体及其关系的总和，其中包括以设计教育、人才培养、设计研究为主的设计院校与研究院所，以商业设计活动为主的设计公司与企业设计部门，提供公共设计服务的非营利性设计机构（如设计促进中心、设计协会）等，见图3-16。

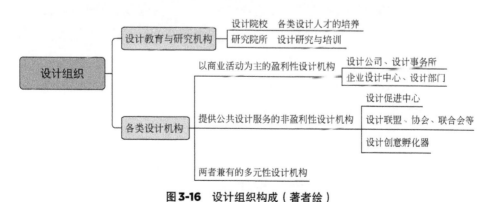

图3-16 设计组织构成（著者绘）

3.3.1 设计教育与研究机构

设计教育与研究机构主要承担的是人才培养、设计教育及设计研究类的工作，也有部分教师、学生以自由设计师或团队的形式面向企业、面向社会进行商业设计或非营利性设计，如2020年初在新冠肺炎肆虐的时候，各大设计类院校均主动发挥设计的作用，设计宣传海报、创新性防疫产品等。

设计产业是面向实体产业的具有"生产关系"特性的服务产业。设计产业与任何一个实体产业都有关系，但又不属于任何一个实体产业。设计产业与艺术文化、科学技术、商业经济都有天然的联系，这种特性使得设计教育要给予设计师能力，使其能适应并主动"连接、整合、交叉、融合"相互分割的产业、学科、技术与人文、人的知识与物的知识。

如前面所述，设计师成才的两个场景是"温室"和"田野"，温室即设计教育与研究机构，设计师的成长需要建立终生学习的理念，在"温室"中打好基础，在"田野"中释放个性、经历挫折才能不断成长。

3.3.2 设计师群体与无名设计

盈利性设计机构集中着最活跃的设计师群体，是设计商业活动的主要完成者，从产业活跃度与产业促进性来说，盈利性设计机构是设计产业组织的构成主体，其发展状况既直接反映着设计政策的作用情况，也某种程度上代表着设计发展的兴衰。设计公司多是设计师创业，以设计服务为主要商业业务，输出各种设计创意；企业的设计部门是为企业服务的，主要解决企业发展过程中所需要的设计工作。

在设计实践领域，尤其是大型企业或跨国企业的设计成果，不再是设计师的独作，而是企业研发团队集体智慧的结晶，无名设计逐步兴起。1948年设计史学家西格弗莱德·吉迪恩在其著作《机械化掌控——献给无名设计史》中提出无名设计的概念，强调工业制品的设计是集体劳动的结果而不是某个设计师个人的成果，将设计史的研究从"英雄史"转变为"无名史"，从此开创了设计史中关于无名设计研究的热潮，也将研究的重点从设计者转向生产方式。

日本设计师柳宗悦（Soetsu Yanagi）提倡无名设计，第二次世界大战后的日本经济快速发展，企业及政府意识到设计的重要性，开始大量培养设计人员，企业内部逐渐形成了设计团体，这个设计团队以企业为主导，衔接企业内的各个部门，通过获取大量的与产品有关的信息来进行设计，而信息的获取及处理超过了个体设计师能力的极限，因而设计团体得以盛行，设计团体内的每个设计人员均是企业的职员，工作内容及设计流程相对稳定，设计作品不再仅仅强调设计师个人的风格，而是凸显企业的品牌，设计作品上也不再有设计师个人的名字，而是凸显品牌的力量。其不再强调设计师本人的天才创造而是强调设计作品忠于材料、忠于设计和产品本身，崇尚自然之美、实用之美。

20世纪90年代兴起的"利益相关者理论"（stakeholder analysis）认为，任何一个公司与利益团体的偏好对设计结果都具有决定性的作用，设计师对设计作品的责任力度逐渐被减弱。设计的主题比职业设计师所从事的工作内容要广泛得多。伍德汉姆在《20世纪的设计》中说道："事实上，在20世纪的大多数时间里，设计师在制造业中的作用就一直存有相当大的疑问。工业中关于设计和标准化的讨论就是20世纪初类似疑问的例证。""关于设计师的职业地位和设计在产业中的角色，设计史的写作经常会使广泛的图景变得更模糊，因为它关注的一般是那些设计师和产业之间的成功合作。"在大企业中，还是没有充分重视个体设计师能力。

随着设计在商业中的深度介入、设计管理的深入研究，相对于品牌、企业的风格及市场定位设计师的个人风格显得越来越不重要，而随着所设计产品的复杂程度的加深、与设计相关的人员、部门也越来越多，设计师以设计部门、设计群体的形式存在于企业当中，成为产品研发中的一环，虽然设计师的个人能力在研发中非常地重要，但是就企业的商业行为而言，一个建制完备、高效协同的设计师群体更加重要，企业以制度来约束设计以确保所设计产品的市场成功。

3.3.3 非营利性设计机构

提供公共设计服务的非营利性设计机构种类有很多，比较常见的如设计协会、设计师联盟等。当下，这些协会或联盟通常起到"承上启下"的作用。所谓的"承上"，主要是非营利性设计机构往往具有一定社会职能，同时为主管部门提供数据支持、政策参考等。所谓的"启下"，主要指的是服务会员单位，解读并传达设计政策、产业政策等信息。如中国工业设计协会的主要职能是"协会以建设创新型国家与制造强国为目标，以经济建设和社会发展为中心，集政、产、学、研、金、商等资源和力量，形成社会公共服务平台，服务于政府、服务于社会、服务于行业，致力于在中国制造向中国创造、中国速度向中国质量、中国产品向中国品牌转变过程中发挥创新驱动作用。协会团结、联合我国工业设计及相关行业领域的企事业单位、社会团体和支持设计创新事业的各界人士，坚持民主办会原则，落实科学发展观，以服务为宗旨，以创新发展为目标，积极开展多项行业推动工作，包括研究工业设计发展战略，为推进我国工业设计发展向政府建言献策；制定行业标准，建设良好的行业秩序；搭建公共服务平台，开展工业设计咨询和中介服务；开展学术交流及教育教学研究，促进学科发展，推动自主创新；举办展览、论坛等设计交流与促进活动，推动行业发展；开展工业设计国际交流与合作，助力'中国设计'走向世界；开展产学研用对接与合作，促进'大众创业万众创新'；开展全国性的设计竞赛、评选、表彰等活动；促进工业设计成果转化，建立以企业为主体的创新体系；推广典型示范、培训创新人才、承担政府委托课题等。"非营利性设计机构把设计作为一个重要的活动进行推广，帮助政府、企业认识到设计在制造业经济中的重要性也间接地帮助设计师提高了职业地位。以中国工业设计协会为例，不论是开办设计比赛还是举办设计学习班、设计师认证等活动，其中一个主要目的就是为了使工业设计师这个职业获得制造业、服务业以及政府的认可做出种种努力。

第4章

设计师谈设计

像前面所述，从事设计实践的设计师们几乎对设计的"标准"定义毫不关心，但是通过设计实践又各有心得。为了了解一线设计师们如何看待设计、如何做设计、设计产生了哪些作用及价值等内容，著者于2019年10月至2020年5月访谈了58位从事设计实践的设计师。从地域分布来看，这些设计师主要来自深圳、上海、北京、广州、成都、杭州等一线城市；从从业年限来看，被访谈的58位设计师在设计的岗位上从业时间最久的16年，最短的3年；从行业分布来看，访谈了互联网行业、制造业、服务业、设计事务所等行业的设计人员。

本章通过一部分比较有代表性的设计师访谈来了解他们眼中的设计、设计师，分为独立设计师、企业设计师、公司设计师、管理型设计师以及创业型设计师五个板块。这里的企业设计师指供职于某品牌企业（包括制造业、互联网行业以及服务业）的设计人员，而公司设计师主要指供职于专业的设计公司的设计人员。访谈以一问一答的形式展开，以下所展示的内容均获得本人的认可及授权。

4.1 独立设计师谈设计

刘知礼

简介 爱马仕旗下品牌"上下"合作设计师，独立产品设计师。本人想做一辈子的"初级设计师"。

图4-1 刘知礼及其部分作品

访谈内容

问：能简单地介绍一下你的学习及从业经历吗？

答：虽然从小的时候一直觉得应该读书，但是到了中学发现自己喜欢动手做东西，也喜欢物理、机械这类东西，为后来从事设计的工作打下了基础。1998年的时候考入电子科技大学的计算机专业，本来想做电脑动画或者游戏设计之类的。随着思考和学习的深入，发现程序员不适合作为自己未来的职业。后来知道了工业设计这个专业，可以结合技术跟艺术，但由于我个人是色弱，无法转学国内的设计专业。再加上我自己特别喜欢机械和性能，包括还喜欢开车，所以当时就决定出国读设计，在大三的时候也就是2001年去了英国考文垂大学重读本科一年级，学习汽车设计。读了本科以后发现汽车设计也不是我喜欢的事情，跟我想象的差别很大，我自己还是倾向于设计流程更全面或者个人可以参与和涉及更多环节，能够发挥更多作用的领域，而汽车设计相对比较单纯，当时汽车设计的侧重点在造型设计，这个我不是很喜欢，所以在考虑重新学建筑，但这个时候相比普通的本科毕业生，我已经比别人大了三四岁，多折腾了三四年了，自己也不太好意思。所以毕业时推掉了一些国外的录用通知，决定先回国，回国头一年在成都思考自己要做什么，后来在上海找了一份产品设计师的工作，开始接触的是家具和灯具类的设计工作。慢慢地发现此类设计领域比较适合我，因为这类产品相对比较简单，设计体量、时间周期和整个规模量相对比较小，在当代分工已经很明细的时代，家具和灯具是个人可以更多掌控全局的一类产品。不管是电子产品、汽车或者是其他的东西，个人的力量，尤其是个人设计师的力量，能够起到决定性作用的程度是非常有限的。我自己也清楚，自己不是一个很好的团队合作者，更偏向于自己能够控制更多的东西的地方。所以最后一直都在做家具、灯具和一些倾向生活方式类的产品项目上进行探索。

问：你觉得自由设计师和独立设计师可以画等号吗？你是怎么定位自己的呢？

答：不同的媒体或者不同的外界的人有不同的叫法。自由设计师来自英文单词freelancer（自由职业者）。一个叫Freelancer的网站里面有很多设计师，这部分设计师就叫自由设计师了，就是说自己出来独立地在家兼职工作或者接设计活儿、帮别人做事，但不从属于某个设计公司。独立设计师这个词更多地来自目前的媒体，因为一般杂志和媒体喜欢这样称呼，原因是独立设计师提出自己的设计风格，这个称谓更多地来自生活方式圈，强调个性、独立和原创的设计。自由设计师和独立设计师称谓的差异可能更多地来自不同的圈层以及场合下，两者之间有很多的交集。

问：看过你的作品，觉得蛮有风格，所以称呼独立设计师更适合一些。

答：是的，我工作的这个行业多数称呼我为独立设计师，做的产品品牌被称为独立设计师品牌。

问：你现在从事的工作，更多地是在做设计服务，还是做自己的独立品牌？

答：两者都在做。主要精力是在我自己的品牌，但品牌做起来非常艰难，所以现在做设计服务主要是个人生计需要，自己的品牌还是希望以后多投入精力。

问：你现在做的个人品牌包括什么类型的产品？

答：一开始计划是家具和灯具，目前我们只有灯具。因为很多产品的开发、打样、生产进度太慢了，甚至完全落后于计划。我工作前十年所服务的客户、项目或者公司，做出来的东西都是我自己买不起的，同时这些产品被认为是所谓设计里面最好的东西，所以就很纳闷，为什么最好的设计是大家买不起的设计，好的设计不应该价格合理吗？我希望自己品牌的产品是都市的年轻人能够承受的价格，设计出的产品对他们的生活有一定的帮助，有点类似宜家这样的品牌定位。现在的年轻人消费宜家的产品基本没有任何压力，所以从价格上来说，我希望做的产品大约是宜家产品定价的2倍左右，但品质和设计均更好一些。

问：你认为设计能创造价值吗？

答：肯定是可以的。因为设计本身就是来干这个事，大家就是先把东西卖得贵一点，然后告诉自己的老板你用了这个设计就可以多赚一点钱，设计师也靠此获得收入。但是这个逻辑就有点不理想化。因为很多来购买设计的人包括对设计有理想的人，大家认为自己是为了做一个更好的产品，是在创造一个更美好的未来，当然设计的实质更直接地是为商业创造价值。商业的价值并不等同于用户、地球、未来的价值。所以有的时候我觉得价值具有两面性。如果大家说的价值是教科书上说的设计可以为未来、为了更美好的生活的话,那设计真的比较"悬",起码我觉得现阶段的设计很难做到。但现在设计是真实的、一直为商业和消费者的需要去创造消费价值。所以工业设计的价值,我觉得肯定是存在的。但要看你怎么去思考它,在不同的地方、不同的行业、不同的产品领域,它体现的价值并不一样。比如对于家乐福来说,利润点跟营销方式是典型的超市型企业,企业内也有工业设计师,他的设计师工作职责包括面向整个仓储或物流调动的设计,或者是识别规范、导购台、货架等产品的设计,其中包括家乐福的自有产品,比如家乐福自己品牌的垃圾桶,工业设计师需要设计并指导生产落地。但是这种品牌、渠道、消费方式对顾客最大的吸引力跟盈利点均是购买它的实用性、性价比。这个时候工业设计师体现的价值并不大,只是完成一个任务,即使没有工业设计,换成工程师来做这件事情,可能还是一样的。家乐福的盈亏、年报不取决于这几个工业设计师起到的作用。但是我们换一个角色来看,如果你去成都太古里的一个咖啡厅,五六十元一杯的咖啡消费者也会挺开心地买单,用户可以拍照、打卡,所以这个时候那个杯子的设计师、店内陈设桌椅的设计师、吊扇的设计师等就为这杯咖啡多出来的"三十五元"的利润创造了很大比例的价值,甚至高于美国工业设计协会给出的"1∶1500"这个数据。

问: 你以前在企业,现在自己做独立设计师,在这个角色转换的过程当中,你自己作为设计师的角色和工作的内容、工作状态有没有变化?

答: 有很多变化。在企业工作肯定会舒服安逸很多,因为大家共同承担风险,而且不同的分工也有不同的职责。而自己做(独立设计师)的时候,就需要担起全部的责任及工作。反而是在一个对设计师发展有利的公司工作的时候,会有更多的精力和时间好好去思考做设计。自己独立做设计以后,在大方向、大主意上自己可以多拿一点,但是实际上自己反而少了很多精力来专注于设计的具体工作本身,好好做设计的时间变少了。

问: 现在会花更多的精力在团队建设、设计决策等方面吗?

答: 现在主要就是解决问题吧,我不是一个享受管理的人。很多设计师,尤其是跟工业设计协会有关的设计师就会强调,设计师的发展道路是 Junior designer

（初级设计师）走向 Senior designer（资深设计师）又逐渐走向 Design manager（设计管理者），学设计管理又走向 MBA（工商管理硕士）。不过我希望我这一辈子做初级设计师或者小设计师，我最喜欢做设计本身的工作，而不是设计其他方面的工作。

问：你认为的这个初级设计师是什么？是从事设计实践一线的人吗？

答：对，是这个意思。我最理想的工作状态是大量的时间花在学校教科书上说的设计流程中，去调研、思考需求、做概念和雕琢形状、颜色、处理材质、工艺结构这些更具体的问题上，我想当个纯粹的爱好设计的人，而不是管理别的设计师，或者是帮别的设计师做的结果产生更大的销售价值的人。

问：这个初级设计师里面包含跟产业链上的人打交道吗？

答：包括，这是设计工作的一部分。当然这也是我所在的行业的情况。所以我前面也说了，为什么选择家具灯具，原因就在于这个行业里面的分工没那么明细。在这个行业里，设计师要熟悉生产工艺，需要自己跟工厂打交道，需要交出完整的产品，这些都是实现设计的必要工作。但是在很多的巨型企业，分工比较细，与产业链打交道的工作都可以交给工程师或专业人员，工程师去深化设计师的创意，这个时候大家的职责和目标有不同。在我的这个领域，初级设计师是需要跟完产品的整个流程。

问：很多设计师转做设计管理后不再从事设计，这个现象是否和我国没有设计大师有关？

答：对，有关，而且形成了恶性循环。这个恶性循环的起点是知识产权的保护，终点是国人的不自信。欧美设计发达的国家由于知识产权的保护力度跟民众对知识产权意识的认知度和尊重度，可以让老老实实只做设计工作的人换取相应的报酬，这样就会支持一些有才能、有热情、有志向于好好做设计的人一直做下去，一直做到六七十岁。如果一个国家所有设计师只做五年就会转向设计管理，所有的一线设计师都是新人，那这个国家的所有实际做设计的人可能都经验不足。大家对生活的理解、对产品、对工艺知识的积累不足，即使年轻人很有创造力、很有才华。但是才华跟创造力在这个行业，必须结合知识储备、经验、阅历才能做出更有效的设计。同时国人自己也会因为这个恶性循环变得不自信。国内有的品牌能力已经非常强了，但他们不仅要面对做东西难、得到认同难、得到保护难的一个状态，他们还是要面对沟通难的状态，就是因为国人对自己的东西都不自信。这种不自信在我们上一辈中体现的特别特别明显，我们这一辈稍微好了一点，但在买东西时总会下意识地觉得进口的产品肯定好。"进口""国产"这两个本来只是一个形容产地的词，但现在这两个词在民众心里却有褒贬的意味，背后含有产品质量、品牌力的概念。

问：设计师做独立品牌的优势和劣势是什么呢？

答：优势就是自己可以有效地把握整个产品的全局。从品牌到产品到品质管理到最后的市场，设计师更有机会让整条线以一个相同的价值去做、去把控。缺点就是设计师什么都不想屈服，我自己是想做既有好的设计又有好的价格（低价、人人都买得起）的产品，但这种产品做起来非常地难。之所以市场上这样的东西很少，就是在于它很难被实现，原因就是"特别好"跟"价格合理"本来就是一对矛盾点。解决和协调这对矛盾通常的方法是规模。有了规模以后，这两者更容易协调一些。但是所谓的独立设计品牌，设计师一般不想很快地被资本带节奏，要保持独立、保持风格的话就要求其没有规模，没有规模的产品想做好又想做到稳定、合理，太过困难。比如说一个看起来很简单的灯具，自己做设计、做电子件的开发、模具的开发、用符合要求的五金配件、做完整的安（全）规（范）认证等，然后选择比较好的代工厂，每次下单几百盏灯，可能货款最多不过几万、几十万的情况下，代工厂的老板基本是从精神上支持我。即使这样，整个企业完全配合的情况也比较少，整个过程每一步都是阻力。而且产品后期运维也很难找到一个完美的处理方式。这样的独立品牌没有一个完整的销售体系跟管理体系，以及缺少资本情况下，即使产品上市，面对的问题其实也非常多。设计师尤其是原创类的设计师更多地出现在生活方式类的产业里，因为这类产业中的产品相对简单，不用傍上巨型企业或资本方，自己可控的东西多一点。其实国外也有类似的情况，国外知名的独立设计师好像很少做什么汽车这些产品，大部分都在做家具、灯具或者是日用品如椅子这类生活用品，还有一个原因就是设计师能够更容易形成对工艺、材料的完整认知，且能够更好地在这个产业内讲故事。

4.2 企业设计师谈设计

4.2.1 访谈一：何育金

何育金

简介 2005～2017年奇瑞汽车主设计师；2017～2019年新特电动汽车设计总监。主创设计作品瑞虎7获得第三届江淮杯至尊奖，第四届轩辕奖设计奖，《CAR STYLING》2016年度最佳中国量产车。

设计师：何育金　　　瑞虎7　　　　　瑞虎3　　　　　　新特DEV-1

图 4-2　何育金及其部分作品

访谈内容

问：能简单描述一下你的从业经历吗？

答：我从2004年毕业就开始从事汽车设计，设计是从一些很小的部件开始，刚开始还无法有全局概念，以做设计方案和了解汽车设计的方法和流程为主；后来从设计师过渡到主控设计师，开始管理项目的外形或内饰，主控设计师的角色就不仅仅是做设计，还要对接各个部门，去解决量产化中的工程问题。从主设计师到总工或者总监，我从外形设计主控过渡到整个外形、内饰造型，需要代表设计中心发言，参加会议。我前12年在奇瑞汽车，从设计师到外形主控设计师，逐步到内外整体造型的主控设计师；到加入新能源担当设计总监。过程中有机会做不同职业的选择，但是我自己不想脱离设计，一直坚持在设计和设计管理的第一线，在不同的企业也确实看到了设计的价值。在有些主机厂，设计师需要在更广的维度去发挥你的作用，但专业的深度也是非常有价值的。有些设计师深耕专业，即使在别的领域他没有参与，也能够在汽车领域发挥非常大的作用。对于从事汽车设计的人员来说，我的理解就是，刚开始要广，后面专业上要做深。当然也要根据公司对你的需求，需要你做什么、需要你发挥什么样的价值，根据公司的需求和自己的职业生涯规划，来安排这种既有广度又有深度的发展。

问：你是从什么时候开始从设计师的角色转到设计主管的角色？

答：工作四年以后，只是有机会做管理，不代表个人已经准备好了。

问：你觉得从设计师到设计项目管理最大的转变是什么？

答：设计师根据任务要求开展创意工作；设计管理要始终有项目思维，要有明确的目标，考虑消费者所需。在设计管理时期每个阶段的理解是不一样的，初期配合设计主管开展设计执行，经验足够以后会有更多自己的见解，也有机会在设计中得到体现。设计管理也需要保持设计师的思维，从整体上进行设计管理。刚入职的汽车设计师看到的是车的局部，但是做设计管理，需要对车的整体形象进行把握。设计不仅是美和协调，同时要考虑车、市场、品牌的一个关联、跟家族语义的关联，"戴着枷锁去跳舞"，设计管理需要整体兼顾：既需要考虑用户需求，也需要考虑到设计美学。

问：你刚才也说到了设计管理要协调不同的部门，在汽车设计这个领域当中，有哪些部门进行参与？设计师内部的分工是什么样的？作为设计管理人员，项目负责人去跟其他部门协调的时候，有没有什么困难，怎么解决的？

答：在设计的前期需要与品牌策划、平台规划对接，后期需要与工程技术部门进行讨论，样车实车出来后要与PQ等进行对接。造型一般是向公司副总汇报，也就意味着汽车设计是一个公司级别的工作，研发人员基本全部参与。在启动一个新项目之前，要有很清晰的预研究，包含用户定位、市场竞品等。成熟的设计决策要分析此类车型的设计趋势、产品定位等。在前期如果不做对，到后面想调整、想调头就会非常困难，整个资源和费用都会浪费。项目预研究完成以后，造型设计正式开始，在造型内部，设计师广泛参与，按照标准的汽车设计流程进行开发，设计完成以后技术执行方面有技术开发部门跟造型部门来对接，把这个车从效果图转换为一辆可生产的车。造型内部有不同的专业分工，现在国内成熟的汽车造型中心一般有外饰设计、内饰设计、零部件设计、数字开发等分工，还有前瞻设计部、设计部门、美学研究部等。

问：从概念图纸到量产车的各个环节都需要设计人员的参与对吗？

答：对，设计现在越来越成熟，造型基本上是一个单独的设计中心，甚至造型里面都会有一些专业的工程师，能够支持造型达到一个比较高的完成度。

问：奇瑞的瑞虎7是以你为主创开发的？

答：第一代瑞虎7我主要是外饰的主控师。这个项目的总监，是James和Hakan，他们在福特公司、保时捷公司工作过，有丰富的经验。这个团队里面除了外饰主设计师还有各个模块的人员，如内饰主设计师、数字主设计师、色彩主设计师，这样构成了一个完整的团队。

问：瑞虎7的设计团队有多少人？

答：高峰期20多人。造型设计师7～8人，数字设计师7～8人，色彩设计师2人，油泥模型师7～8人，另外还有专门的项目管理人员。

问：你能描述一下当时做瑞虎7的过程吗？

答：瑞虎7的前身是TX概念车。开发概念车之前，我们进行了品牌价值和理念的梳理，希望通过概念车，提升产品的属性。按照全新的设计形象，针对具体的开发有开发任务书，明确汽车的尺寸范围、风格定义、设计目标等内容。根据任务书启动造型设计，设计会做不同的主题创新，主题风格尽可能地与竞品拉开差异。根据效果图我们会组织设计调研，邀请潜在消费者来进行评价，也邀请了一些设计界知名的人士来进行访谈、交流，最后进行投票。最终根据调研的结果，选出最终的造型效果图。在这个过程中设计师永远要做最前瞻的、全球化的设计，或者做有文化特色的造型。效果图确定之后要进行比例模型制作，通过泡沫模型来确认比例。概念车可以适当夸张一点，来尽可能地展现设计价值，真正呈现一个纯粹的形态。量产车会有一点妥协，但也要求尽量保证概念车的比例，比例是汽车设计的关键。在设计以及模型制作的过程中，设计师不断地微调产品比例，因为设计师非常清楚哪怕1毫米的变化对汽车整体造型的影响。比例确定以后会细化数据，数据分成不同的阶段，同步跟工程部门对接，先解决一些"大面"的问题，再解决细节的问题。整体的原则是先把设计开发周期长的一些问题解决，把这些影响面比较广的重大问题先解决，再解决一些小的零部件问题。最后通过油泥模型、铣削模型验证，以及用软模件进行装车验证。虽然现在汽车数字化设计是一个趋势，但是造型验证这块永远是不可缺少的。我们现在为了节省流程，至少也要保证三到四次的验证。但是真正复杂的是他们很多细节验证，要做几十遍。验证确认以后，整车设计正式冻结就可以进入量产的环节了。

问：设计师在汽车这个领域中造型能力是第一位的，其次还需要对前瞻性以及用户需求的把握，对吗？

答：对。成熟的设计中心有专门的前瞻部门，研究分析生活方式的变化、前瞻技术的应用。设计师会把这些前瞻的信息应用到量产车型中，保证车型的竞争力。

问：对于公司而言造型能力有多重要？一款成熟的车技术更加重要还是造型更加重要？你可以用瑞虎7举例吗？

答：产品的亮点基本上就是技术和造型。为什么把造型单独提呢？第一点，造型是看得见的，技术是看不见的，是并列的。造型是汽车产品竞争力的一个方面。比较好的公司都会这样做，知名品牌的汽车没有一个是造型差的。在公司内部有这样一种说法，设计好的和设计不好的产品会使公司的整个市值相差一倍，这就是造型的重要性。第二点，可以向集团公司领导直接汇报的也就只有设计部门了，从这方面可以看出公司对设计的关注度。在公司中，同级别的范围的设计师话语权比工程师要高。以瑞虎7的设计为例，在侧面造型的设计中，为了塑造雕塑感，在侧面造型处设计了一个比较大的凹面。这个侧面整体落差大、起伏强烈，使整车更加立体，也更具动感，但是这样的设计造成工艺难度大，同时铰链的布置比较难以实现，于是工程师要求侧面整体落差减弱15毫米，减掉15毫米意味着从原来是一个立体感比较强的形态变得非常普通，就和大街上看到的那种平板面的车型没有差异了。为了这个造型，我会在数据、油泥的过程中，跟工程人员一轮一轮地对接，而且是毫米级别的力争，甚至在油泥模型上1～2毫米、一轮一轮地去改，优化整个b柱的截面，在技术上想方设法来实现这种立体感的一个侧面。

最终通过这样一个平衡，由最初的15毫米的改动到最后只改动了3毫米，工程上基本保持住了造型效果。

问：你当初为什么坚持这样一个细节的设计呢？

答：这个设计灵感来自游艇划过水面的涟漪，我们称为"水动力"。如果这个地方的面平了，车身的光影就没办法流动。大的凹面才能造就光影流动的效果。如果牺牲造型，那就意味着我最初的设计理念、设计亮点会打折。

问：换句话说，为了保持原有的理念，以设计师为主导让其他所有部门来完全配合你们工作。这个在项目内部、公司内部体现了设计的价值。那后期市场的反应呢？

答：设计师要跟不同的层面去沟通。实际上我们也要考虑销量，要考虑大众审美、小众审美。如果你单看这个车子，任何时候都会觉得它是一台比较有品质感的车。实际上最终销量来看，这款车仅能达到几千辆的月销售，相对竞品来说不是很好，原因在于这款车的尺寸不够，内饰空间也不大好。这也说明一个问题，第一设计师要坚持设计理念，第二就是我们是需要走量的，设计师在考虑美学的同时要尽量多地研究用户，设计要跟大众审美、实际需求结合起来，造型不能太夸张。

问：那相对于前一代来说，这款车的销量是增加了还是减少了，你们有没有后续跟踪消费者对这个车的使用体验，或者是审美上的一些反馈？

答：这款车销量中规中矩，没有达到最初的市场预期。从公司内部来说，这款车的设计促使整个设计标准的提高。虽然这款车销量没有上去，但其中的许多设计元素在后面几年出现在了一些合资车上。从设计上来说，这个车在当时很多理念上是引领性的，比如说后背门反凹的设计，一般的车后背门都是比较平的。但现在你看市面上的车子，后背门这种反凹面已经比较常见了。根据市场和消费者的反馈，中国的消费者还是不能接受小众车型，不太接受体量小的车型，到了一定的价位自主品牌的接受度就会降低，国产车要直接与合资品牌竞争。

问：刚才说到公司的共识好设计的价值要比不重视设计的高一倍，有没有具体的案例，或数据呢？

答：这是麦肯锡一个报告中所述的，在当时的奇瑞也是一种共识，也算是业内的一种共识。从十几年前的起亚、长城都能够看到设计带来的巨大变化。当然，设计不仅在某款车上发挥作用，同时成熟的设计流程、设计体系，能够实现各种产品DNA保持一致。这样的话就避免公司车型多，产品线五花八门。瑞虎7采用了称之为DNA2.0的品牌语义，确认了"水动力"的设计理念，在细节方面也进行了设计语言的规范，这些设计理念、设计语言在后代的瑞虎产品上都有应用。

问：概念车在车企的作用是什么？

答：预判、摸底，还有为下一代产品梳理方向。概念车更具前瞻性，一个是造型比例、一个是通过概念车也会确定下一代车型的技术平台。通过概念车提前预测技术的可行性，以造型为牵头推动下一代平台的研发及造型前瞻预测，这个是非常重要的。如果不通过一代一代的整体性规划，仅仅通过单个产品来推，打造新的汽车品牌是很难的。

问：你对未来的发展规划是什么样的？

答：刚开始的时候工作经历很少，自己对这个行业的了解也不够充分，根据公司的需求来尽量地发挥自己的价值。因此涉足了设计的多个部门，我觉得这个本身是没有错的。广度有了以后，同时还要在深度上去做。真正地把国内的产品做到合资的水平。要把这种设计经验进行整理，要把你的经验变成年轻设计师能够执行的经验。所以从设计规划来讲，第一个专业要进一步加深，同时拓展知识面；第二的话要把你的经验进行一个总结，要传导给其他设计师。

问：一些设计师一旦变成管理岗位，慢慢地就放弃了自己的专业，更多地担当管理沟通的角色，不再动手做设计。你怎么看待这件事情的？

答：实际上只是在技能方面会有生疏。如果始终专注于专业，接触面不拓宽思维，就会受限。这种情况本身也没有矛盾。实际上设计思维始终是在坚持的，有的设计总监会直接管设计前瞻部门，他需要去了解最新的设计趋势，规划了解下一代的设计语言。设计主管需要清楚地判断和了解设计师做的东西有没有达到需求，这就对设计管理人员提出了更高的要求。

4.2.2 访谈二：王建华

王建华

简介 一位满怀着好奇心和探索欲地活在这个危险的世界里的设计师，曾获得iF设计奖6项，红点产品设计奖1项。

图 4-3　王建华及其设计作品

访谈内容

问：你是13年（2013年）毕业的？

答：对。

问：能简单地介绍一下你七年的工作从业经历吗？

答：毕业之后先在海尔设计中心做冰箱设计，做了差不多三年。三年之后，2017年年初来到杭州，在杭州行至云起科技做智能家居，当时公司就我一个工业设计师，所以基本上就是我一个人承担了公司所有的产品设计。做到2017年年底。当时有一个去网易的机会，就去网易做智能硬件，2019年5月份从网易离开回到杭州行至云起科技，一直都是在做工业设计方面的工作。

问：你这个从业经历中有一个非常有意思的现象，先后两次入职杭州行至云起，为什么？

答：当时行至离开云起去网易有两个原因，一是对网易的这种公司的一种憧憬，希望有一个更好的发展平台。还有一个就是带了一个团队，是一个创业孵化型的团队。如果做好的话，会有一个比较好的发展前景。去了网易后做了一年半，发现网易作为一个互联网公司和软件公司在做硬件开发、制造业这一领域其实还算是一个新人，是一个新的平台、新的公司，还有许多需要摸索，实际工作中从

"0"到"1"的过程会比较困难的。还有就是我跟领导的想法有差异,就又回到了行至云起科技,行至云起的团队氛围我还是挺喜欢的。包括现在这个直接领导,领导层面对于设计很重视,有利于我个人的发挥。他是比较信任我,然后会放手让我去做一些我自己可以去做的事情,有很大的发挥空间。包括公司层面对于设计,对于产品的重视,我觉得对于设计师来说就是比较重要的,当然也体现在给我一定的股权上面。总体上说公司重视设计并且会让你去做,这个是比较吸引我,后来我就选择了回来。

问:上一次在行至云起的时候就你一个设计师,现在呢?

答:现在设计团队是有八个人,工业设计师还是就我一个。其他是平面设计,UI设计,线上的网站设计、线下的物料设计,像产品包装、宣传海报、产品手册,还有就是设计总监。

问:相对于设计部门的其他同事而言,你的职责好像看起来更加重要一些。是这样的吗?

答:是的,在公司产品是一切的源头,后面的所有设计都是基于产品去做的。像平面设计,包括物料设计等。产品设计一般分为两种情况,一种是老产品的迭代,还有一种全新的产品开发。新产品对于我们这种创业型公司来说比较少。往往是市场部或是公司的CEO直接说把任务下发给我,我会去了解一下市场情况,包括竞品,有了明确的市场目标以后就会跟研发人员去沟通,了解技术的边界。因为公司不是很大,人也不算很多,一共加起来就一百五十多号人。沟通起来很方便,可以直接得到他们的反馈。确认市场和技术边界以后我这边做设计了,会有明确的一些输入目标,会去做相应的用户体验方面的内容,也包括美学方面。我们品牌比较新,新品牌还没有形成一个完整的PI(Product Identity,产品形象系统)。所以工业设计的内容会尽量地去做符合公司品牌形象的设计方案。接下来是一个月的评审。评审由多个部门共同推进。评审通过就会把项目移交给结构设计师以及研发人员,当然整个过程我都会跟进。

问:包括用户体验、功能定义都是你独立来完成?

答:有一些产品的话,我会独立完成。我们的产品是智能家居方面,功能方面还是比较明确的。我可能会去梳理一下,这里面产品经理也会共同完成这件事情。

问：现在的设计流程、研发流程和网易有差异吗？

答：有很大差异。网易作为互联网公司，以功能和结构为主，软件人员定义好功能和结构以后工业设计最多给出一些体验和功能上的一些建议，做一些锦上添花的设计。现在的公司是比较完整的设计开发流程，相对来说更加完善，我发挥的空间更大一些。我比较喜欢做一些创新性的产品。前期在提出概念方案的时候，就是比较有意思的，你可以想象这个产品有不同的可能性，这个可能性的话是大家共同讨论并发现的，就这个过程是比较喜欢的。

问：设计发挥的空间更大具体指什么呢？

答：除了在具体设计工作中可以自由发挥以外，许多事情都可以自由创作，比如我现在在做的一个事情就是建立公司的创新素材库，我平时会花点时间来完善这个概念，就是我对未来智能硬件提出各种构思并做出来，在公司内部我也会和大家分享这个新的构思，虽然这个构思可能不是一个完整的产品，但是公司上下对于我做的这个事情都给予了全力的支持。

问：换句话说你说的这个内容很像头脑风暴里面启发性的工作，是吗？

答：嗯，对。因为我们公司现在是除了智能家居以外，还有智能灯光这块的布局。这些概念性的构思能不能成功落地，就是需要看后期怎么样去转换的。这种启发性不仅在设计部，有时候也会影响整个公司，比如我们构思了一个新的创意去和市场部沟通，市场部的人会从他们的角度去思考、去摸底，然后我们也会得到市场的反馈，这样螺旋结构的项目推进方式产生了一些好的项目。

4.3 公司设计师谈设计

李佳芳

简介　深圳市浪尖设计有限公司常务副总经理兼浪尖设计学院院长，深圳市设计联合会理事。2016～2018年连续三年荣获"光华龙腾中国设计业青年

百人榜"称号，2018年"改革开放40周年深圳杰出工业设计师"，2018年被聘为湖北工业大学工业设计工程领域兼职硕士研究生指导教师，2019年被聘为西华大学大学生就业指导导师。在各个产品行业领域，个人主导或参与设计合作项目累计达百余项，众多产品在市场上热销，领导团队设计的产品也获得多项iF、红点、红星等国内外知名大奖。

图4-4 设计师李佳芳

访谈内容

问：能简单地介绍一下你的从业经历吗？

答：我是2007年毕业，毕业后一直在深圳浪尖工业设计公司工作。一直从事的是设计实践方面的工作，但到后期之后开始做设计管理，人员的管理，包括项目的管理，涉及整个设计流程上。因为之前就是单纯的设计师，工作内容很简单，就是拿到需求出设计方案，到后面包括团队组建、整个产品的流程、市场定位、一直到后续的生产都可以整个流程做下来。

问：像浪尖这样的一个专业的设计公司，它在制造业的上下游产业链中起到一个什么样的作用？

答：浪尖是国内最大的一家设计公司之一，当然这个最大是从体量上来讲的。从1999年做到现在还是非常了不起的事情。与其他几个差不多体量的设计公司来比，浪尖很特别。浪尖设计一直身处深圳，属于改革开放的前线，面向制造业非常强大的珠三角地区。深圳是一个制造业发达的地方。在这里接触到不一样的市场。深圳的设计公司非常地拼命，效率非常高，所做设计更偏向于产品的落地，与其他设计发达区域的设计方式有所差异，但是现在地域上设计的差异在逐步地同化。

问：浪尖最多的时候有多少设计人员？

答：深圳浪尖最多的时候有300位设计师，浪尖全球有1200多位设计师。

问：设计公司的设计师除了设计作图之外，需要参与到后期吗？

答：需要的，但是如果参与到后期之后就不是设计师一个人的事。设计师是在整个制造产业链的较前端，最前端的是产品策划，产品策划就是规划我要做什么样的产品。到设计师这个步骤的时候是告诉你我的产品的定位是什么、人群定位是什么、功能是什么样，产品里面的堆叠、布板等已经基本成型。设计师是做创意设计、以产品的外观设计为主。外观设计之后，设计师就需要跟进生产，这样做是为了保证实物产品的还原度能达到设计师构想的90%。因为在现实中很难有百分百的还原。设计师的创意和最终结果是有出入的，就要求设计师必须从制作开始一直跟到产品的最后阶段，就是为了保证他的想法和最初呈现的效果能够能达到80%～90%的一致。

问：浪尖里面除了设计师以外，还有哪些人员？

答：主要还有结构设计师，有手板师傅。结构和手板也分了不一样的工作内容，分得非常细。但是在设计公司设计师是主导。设计业务的开展最先接触的就是设计师，需要设计师负责，要将整个事情统筹好，包括结构设计、后期制作等，其他人员必须尊重设计师的想法。在工业设计中"形式追随功能"，结构会影响整个产品的形态及功能，如果在具体的操作中某些功能或部件无法实现，设计师也要负责修改设计方案。但是现状是在产业链中设计师的地位还是比较低的，个人觉得是由于年轻设计师比较浮躁，导致真正做创新的比较少。当然现在也有一些设计师在转型，从用户体验的角度做应用创新，这个对设计师个人的能力要求就提高了。

问：从工业设计到更高要求的用户体验设计，对于设计学习者来说要做哪些准备呢？

答：设计师要了解产业链，因为设计涉及多学科的知识应用。国内设计系的学生多是学画画出身，讲究如何把一个产品做漂亮，有好看的图纸，缺少理性的一面。设计人员要理性地去创造产品，真正做到形式追随功能。我发现了一些很有趣的现象，很多设计人员虽然来自不同的院校，但是通过同一个需求让他们去发散想法，就会发现他们所设计出来的东西有很大的雷同，很多刚刚毕业的学生没有真正的创新思维和发散思维。

问：以你的经验来看设计除了形态创新之外，其他的专业人员对设计创新的评判角度有哪些？

答：形态创新是基本，产品要有差异化才要有工业设计师的存在。以前是没有工业设计师这个职业的，但是批量化生产之后，为别人做创作的人变成了设计师，要设计符合大众口味的产品，以批量化生产的形式走向市场。现在我们很多维度的，首先是基于用户的，就是用户体验方面的评价。第二个是做应用型创新，设计师需要思考有哪些技术能够融合到产品应用里面去。设计师天生是一群浪漫的人，如果对新技术的应用比较敏感，就会提一些新东西，通过观察用户他会知道用什么技术能解决问题。第三就是微创新，比如在机械结构中如何减少零件的使用、增加产品的功效等，这也是不同维度的创新。最后是与生产关联性的创新，比如设计能够使生产减少一套模具是控制了成本；通过设计改变一些流程，比如说一般情况下10个人组装一台机器，但是在设计的时候就使9个工人就能完成。总体来说设计师要融入产业链中进行多维度的创新。读书时我看过一个纪录片，讲飞利浦斯塔克设计一把椅子，片子从他画图开始记录，一直到最后做出产品，这个纪录片让我想到我做设计的过程。但现实是有一部分设计师无法真正做到全流程设计。这也是现在行业的问题，设计师没有机会站在多维度和多角度去考虑设计，无法使设计多元化。现在产品制造的环节多且杂，涉及人员众多，在每一个环节都可以做设计，那就对设计师提出了更高的要求。就像现在浪尖所提的"D+M"平台，D是设计，M就是制造，这是一个设计师的平台，设计师是里面的创新力量，"D+M"这个平台将设计与制造全产业链链条进行关联，通过设计向其他行业进行延伸。设计师是产业链中最前面的一环，通过设计师可以把制造业的各个环节都连起来的。这几年国内的制造业不景气，"D+M"平台希望通过"设计加制造"让全国各地的制造业和设计再次捆绑，将制造业互联互通。这个平台它可以承载很多信息和资源，它是别的平台几乎做不到的。

问：在从业的这13年中一定有很多成功的案例，哪一个成功的案例是印象最深刻，或者说哪一个成功的案例产生的价值输出最高？

答：首先，我觉得每一个作品都不能说是我一个人做的，都是团队合作的结果。在设计师这个群体里，尤其是团队作战的时候，个人荣誉感没有那么高了，当然设计师是很需要个体被认可的一个群体。我最有印象的是某品牌微波炉的设计，是团队一起设计和跟进的。那个作品第一次获得了iF奖。这个作品从设计风格上讲有别于当时整个行业的其他产品，设计从外观出发，从产品的工艺角度去做创新。因为当时微波炉行业基本都是在机器上印花。但当时客户给的需求比较有意思，客户就是要挑战传统。其实设计师最怕别人不让我们挑战传统，就不让你去发挥，然后你发挥了之后还要批评你，说你这个东西根本就不考虑实际。当时客户要求挑战传统给了我们团队很大的发挥空间，用了新的工艺，做了很贵的面板，与当时主流的产品完全不一样，这个项目我们团队与客户一起跟进了2个月。还有一款产品印象也比较深刻，七八年前设计过的一款饮水机，这个饮水机到现在还在卖，当时我设计了一个纹路，相对当时市面上表面光光的饮水机来说，我想表达的是饮水机这个产品能够像家里的沙发一样融入到家居环境中，当时仅纹路的建模就花了三天三夜，估计这也是我印象深刻的原因吧。这款饮水机后来是被打上销量冠军，卖了好多好多年，现在还在卖。

问：有没有跟踪微波炉或饮水机后期销售的情况？

答：销售还不错，是个差异化还比较成功的产品。微波炉那个工艺叫"金属面板一体成型"，这款产品使得这个品牌后来有很长一段时间使用这个工艺，甚至还推出了一个全新的系列都用了这个工艺，接下来的3～4年期间很多品牌也使用了这个工艺，也就是这个设计元素。"金属面板一体成型"是一个铝面板，其实10年前在家电上面用铝面板很少的，不锈钢用得比较多，因为此款微波炉的成功使用也打开了一个供应商的机会窗口。

问：通过这个作品你个人也有收获，比如说获奖、知名度，看到自己的作品获奖心理是什么样的感受？

答：当时获奖特别开心。有很多收获，包括对设计的认识不一样了，获奖是额外的，也不是我一个人的，名气什么的没感觉。

问：设计的产品卖得很好但是个人收获却不高，心理有没有落差？

答：我没有落差，好像也从来没有出现过这种落差，刚刚说的那个微波炉的项目我可能就拿了几千块钱的提成，但还是很开心。

问：看来做设计的都是一群默默无闻、乐于奉献的人！

答：我可能反应比较迟钝，从来没有想过这类问题，设计是我的本职工作。尤其是后面做了设计管理的工作，更加清楚地看清这个行业、设计师这个职业。设计师群体容易把自我感受放得很大，这是设计师的基础，要有自信，但是也是设计师很大的一个缺点。不清楚自己在整个产品链条的位置和作用。这就是现在设计师非常矛盾的点。设计师的投入和收入是成正比的，现在遇到的收入问题，更多还是社会发展问题，竞争也很激烈，比如说做一个产品，设计师投入的是什么？是创意？那只有创意是没有办法变现的，需要其他不同的人来配合，我们的创意一般也获得了相对应的回报，设计师所创作产品的收益要和企业、工厂、投资人共同来消化，并不是设计师一个人的功劳。

问：这种心态还是非常健康的。

答：没有真金白银的投入，是没有人愿意跟你来做的。那反过来说，如果设计的这个产品没有卖成功，设计师也拿了设计费，客户也算投资失败了。

问：是的。刚才你谈到了理想，你的理想是什么？你的价值、设计师的价值又如何体现呢？从业经历对你未来的价值实现和梦想实现有什么样的具体帮助呢？

答：在浪尖，我有几个阶段。第一是菜鸟阶段，刚刚进去的时候，非常热爱做设计，每天只要有项目给我做，每天都觉得很新奇，就会觉得自己不停地在成长，如果设计被其他人认可了，那种成就感会让自己越来越喜欢设计。第二个阶段，带一个团队的时候，刚开始什么都不懂，一心就是做设计，比以前要更快，这个阶段也提升了很多，带一个小团队过程还是非常开心。大家配合，各自发挥各自的优势。后来一段时间是因为非常疲惫，但是心不累就不会觉得累，开始带二三十人的团队，这个时候再快的速度都跟不上每天的工作强度了，这个时候调整了自己对管理的方式。这里开始就不能只用设计师的思维去做事。第三个阶段，有了自己的市场眼光和后端供应链的经历，会很容易去预判一些产品他是否能够成功，就会发现你没有办法主宰客户的需求，即使他们的定位是错误的，你给他建议他也不听、鸡同鸭讲，当然很多时候这种产品最后是以失败告终的。然后所以有一段时间我就觉得我就不想做设计了，我就觉得国内的设计环境太让人郁闷了。没有办法把自己的想法强加给别人，当然那个时候也有一些幼稚，可能自己的想法不一定是对的。从别人的角度想，为什么说服不了他？逐步去了解很多除了设计以外的。第四个阶段。就是近几年，我发现我说服别人的概率变大了，发现有了一定的设计自由度，又开始体会到了设计的乐趣，可以判断对方提出需求是否合理，能分析，能解决。现在，我想再次做一名设计师。

问：你是从业了多少年之后开始做的团队管理？

答：第三年开始就做团队管理，就是2010年底开始的。

问：作为一名热爱设计的设计师，带设计团队的过程中如何进行设计管理？

答：我带项目团队的经历也分了三个阶段。第一个阶段时带一个团队这个阶段我是很开心的，因为那个时候更年轻一些，跟团队的同事其实差距不是特别大，在技能上能够做到比他们厉害。基本上那个时候就跟大家一起成长。这个阶段我做我的，成员们完成各自的任务，但是团队成员必须要从可行性、创新性、用户等几个维度上去分析，不要出现低级错误。比如说人家客户说这个按键太小了手都按不到，或者说这个丝印太小印不出来等，其他的东西都是各自发挥。第二个阶段是同时带多个团队，一般是带2～3个团队的时候，这个阶段我进入到不好的状态，就是你带的团队太多了，还没有办法从设计师的思维里面跳出来。因为第一个团队的时候，刚开始的时候还是一个设计师思维，你只要负责把事情做好，但是第二个阶段的时候就变成带两三个团队的时候，你会发现事情太多了，没有一件事情能做好。所以那个时候精力有限根本没有时间思考。这个时候需要转换思维，从设计往管理思维转换。然后到第三个阶段，就是我最近的这个阶段。这个阶段我就是从设计师往一个管理者的角色去完全转换了，能够知道项目的目的和完成度在哪里，匹配的设计师的能力在哪里？因为这个阶段可支配的产业链资源更多了，就可以去匹配。可以通过资源调配的方式先控制好项目进度，保证基本的设计过关，然后再跟大家一起真正具体做项目，做项目时会尊重大家的想法，不希望团队输出的设计方案是一种风格，我愿意有不同方向的设计输出。有些三五年经验的设计师容易把带项目变成管人，输出的设计容易雷同，项目周期短团队就很焦虑。严格控制项目流程的每个节点，用制度去做项目管理。设计师是需要鼓励的，作为管理者要尽快抓到设计师的点，然后鼓励他勇于自我表达。

问：管理很重要的一点就是人员管理和时间管理。对于你来说不论是否在设计师的岗位上，你都在坚持自己做东西，这样的话，对团队来说很有启发性。

答：对，我后来有发现我们有设计师就想纯粹地做一个管理者，那就会出现很大的问题。他自身从项目里面获得的成就感很少，他一直在指导别人，他会发现下面的设计师没办法达到他的要求。所以作为设计管理者还是要不断地积累设计经验。

4.4 管理型设计师谈设计

4.4.1 访谈一：熊松

熊松

简介　2004年工业设计专业毕业，进入互联网交互设计行业，曾在腾讯任职高级交互设计师，后转型产品经理，在腾讯、欢聚时代等多家互联网公司探索产品与设计的融合，历任高级产品经理、产品总监，现为某互联网医疗企业总经理。

图4-5　设计师熊松

访谈内容

问：简单地介绍一下你的工作经历。

答：毕业到现在有16年的时间了，一直从事互联网产品设计和产品规划相关工作。刚刚毕业的时候主要从事网页设计方面的工作，在远望资讯、讯天科技等公司从事网页视觉设计，那时候工作的重点是做移动端上的信息展示设计。两年之后就是2006年去了深圳腾讯，在腾讯期间，从网页交互设计逐步接触到了互联网产品规划。因为腾讯把设计分得比较细，分为用户体验研究、交互设计、视觉传达设计,用户体验设计师主要完成用户研究和可用性测试;交互设计师完成产品功能流程梳理、界面交互设计;视觉传达设计又分为网页界面、UI设计、动画设计等,主要负责完成产品界面视觉设计。

我在腾讯里面一开始是做交互设计,主要是面向QQ、拍拍等产品网页端及移动端的人机交互。因为交互设计是从工业设计里面分离出来的,在这个期间工作中有相当大一部分是涉及产品的,比如直接与用户接触的功能端优化体验,所以在工作中甚至直接去提出来一些功能改进,后面就慢慢转型去做产品策划。在腾讯工作期间体会到设计特别是用户研究、交互设计这个领域是和互联网产品、和商业结合比较紧密的岗位,经常思考怎么能够把设计思维的能力最大化地运用到商业中来。所以后面顺理成章转入产品经理岗位,为了能更主动地去把握产品规划,2013年离开腾讯去了欢聚时代,作为产品总监,负责多个视频与社交产品的产品规划、运营与商业变现。2017年开始自己创业,后来我就纯粹转到商业产品策划这一块了。

问: 总地来说,你觉得在这几家公司,你个人觉得设计的作用大吗?或者说设计对公司的商业发展来说作用大吗?

答: 举个例子,腾讯电商被剥离出去并到京东了之后,个人认为腾讯电商的设计部门是对京东贡献最大的部门之一。因为京东那时候设计体验不是很好,但在2014~2015年京东的设计体验有了很大的变化。从此可以看出来,设计对于互联网产品的作用,特别是提升用户转化效率方面,帮助还是蛮大的。

设计对商业发展的作用大不大,就看你怎么去定义设计,然后怎么去定义设计师这个岗位。如果把设计师定位为一个美工,这个美工只是产品功能实现过程中的纯粹界面美化的人,可能设计师的作用就不是那么地大。反而如果设计师能把自己定义成"产品设计师",而非"美术设计师",深度参与产品,甚至一部分产品功能的改进与新增都是设计师提出的,这样的"产品设计师"对产品商业化的作用是非常大的。比如,做一个电商网站,在这个网站中要做一个购物车的功能,设计师需要思考购物车的功能分几步去实现,这个网站一开始需不需要用户注册、还是在使用某个功能的时候再注册?这些定义是跟用户转化是有很大关系,也是跟最后的商业收入紧密相关,它属于功能规划,但与设计有千丝万缕的联系,通过简化用户操作步骤,无需用户注册的门槛,同样的用户访问数量,却能让成交额上升100%,这就是商业中设计的力量,也就是设计师的力量。所以对于互联网行业来说,产品和设计是不分家的。腾讯、京东等互联网企业中,优秀的设计师一定都具备设计思维和商业思维。

问:那你现在主要从事管理方面的工作?

答:是的,管理产品团队、设计团队与研发团队。有一半的时间,会用于产品决策与设计决策,团队的产品立项与功能评审、设计评审,这两类会议我是会一定参加的。

问:你现在在带团队、做产品的过程中,涉及多个团队之间的协作,如软硬件工程师,从流程协作上来说,设计师有没有什么特别的地方?

答:关于设计团队应不应该是一个独立的团队,我有一些个人的心得。互联网项目一般分为三大类工种,一个是产品的规划与运营,二是设计,三是技术研发。设计中包括用户体验、交互设计,视觉设计等岗位。腾讯曾在设计团队建设上做了非常多的尝试,早期成立了一个部门叫CDC(Customer research & user experience Design Center)。这个部门成立的初衷是以部门来负责全公司的主体产品设计,包括界面之类的细节设计,设计师的工作是接单式的,今天接了QQ的项目,明天接了QQ空间的,再过几天又接了其他项目的,设计师长期保持一种和产品研发之间的联系并不特别紧密的工作状态。再比如某个项目组要做产品研究的时候,他需要去CDC部门找一个设计师开会,即使这个会议后设计师长期跟进这个项目,以后对项目以及项目其他成员也不会那么亲密,研发团队不能够随时接触,经过一段时间的运行发现独立的部门其实很难让设计师融入项目当中去。后来腾讯发现了这个问题,就把设计师、设计团队分配到每一个项目当中去,每一个事业部都会有自己的设计团队,这样做整个项目跑的可能会比较顺。从这一点可以看出,设计与好产品之间的关系是非常紧密的,设计师要跟项目,所有的设计师是跟项目而不是跟着流程设计某个产品。设计师重要吗?我觉得非常重要,但是设计师要完成实际的商业项目,这样也讲商业生产,怎么效率高怎么来的。

问:如果设计师以项目制而存在,那么会不会因项目而生最后因项目而亡?项目终止之后,设计师或者是研发团队的人他何去何从?

答：第一点是即使在公司里面，设计师跟项目之后，他能不能去跟另外一个项目，我觉得答案是可以的，比如说任何公司都会有内部消化的这样一个机制，更不要说大公司了。对于一家有很多设计师的公司来讲，它旗下的产品跨度不会像想象的那么大。比如说有个设计师朋友他是做手机硬件设计的，原来在VIVO做手机外观设计，后面他转去做外设、手机壳、耳机、音箱也是可以的，所以说第一点我是觉得公司的产品是有相关性的。第二点，为什么要跟项目走？我也带过很多设计师了。从现实情况来看，如果不跟项目，设计团队和产品团队是相互独立的就会出现问题，一旦设计团队没法对项目结果负责，他会去玩一些概念，这种概念是很好，但是有没有去考虑到公司、项目的实际情况。还有，独立的设计团队无法深入的了解产品的细节，做到随时处理，比如某个细节为什么要这样设计功能、为什么要把这个功能一拆为二或一拆为三，这些设计师完全都不知道做就出来的东西可能是半成品。最后，人的主观能动能力性是很强的，项目制的团队在绩效考核上更有优势，如果项目超过预期目标，奖金可能是200%，每个人都有，项目合格100%。如果没有合格，可能是60%或70%，这样做就会发现设计师就会站在产品的层面去思考问题，有很多沟通中的问题就不存在了。

问：按照这个观点，独立的设计公司还有存在的意义吗？你怎么看待独立设计事务所或者是设计外包这个事情？

答：我曾经做过一段时间的外包设计。我是这样看的，项目外包在产业链当中一定有自己的产业价值。就跟外贸一样，你说你直接找厂家买就好了，为什么要去找外贸公司？因为外贸公司对报关通关更专业。大多数企业没必要去组建一个设计团队，因为大多数企业的设计工作可能是一次性的，或者低频次的，几个月一次甚至几年一次，外面去找专业的设计团队就好了。比如说有一家公司叫"唐硕"，唐硕早年是在为招商银行做APP，包括官网的一些用户体验设计，做得非常好，招商银行的网上用户体验到现在仍然是所有银行中最好的，毫不夸张。因为他是长期跟进的，他的团队基本上已经溶入了招商银行相关的一些子业务里面去。我觉得这是一个很好的这样策略，就是说高端的独立设计公司是一定可以活下来的。虽然活的可能也不是特别好，营收成长也不会特别快。我的第一个观点，就是就这种独立设计的机构，面向高端是一定有机会的。然后第二点是面向低端的这种独立设计，我会觉得未来会被智能化所取代。中企动力是专门做企业网站的一家公司，十五年前外贸火的时候，营收比阿里巴巴还牛。但是后来中企动力慢慢地走下坡路了。智能化建站的出现导致低端外包是没有市场的。包括设计也一样，画图、可视化的输出甚至于一个完整的简单功能的APP，都将被智能化所取代。这是未来的趋势，跟拍视频一样，以前很高端，现在人人都可以拍。所以独立设计团队的出路是高端品牌化设计，并与时俱进，20年前做地产VI有市场，10年前做品牌网店，现在呢，做品牌短视频策划甚至直播间装修都很有市场。

问：你怎么看待设计思维这个现在比较热的一个词？

答：我会从产品和设计两个角度来看设计思维。因为我是以设计师出身的一个产品经理，所以说很多时候我更容易把这两者结合起来看。我所理解的设计思维应该是以更美好的呈现促进设计和产品的融合。美好可能包含两个方面，一是可用性，就是它能够满足人类生命人们真正的需求。二是产品显得不那么臃肿、不俗气，它真正地能够给人们展示产品美的一面。设计思维是能够真正解决人类生活中的问题的过程。设计思维一定是以用户的角度进行思考需求背后的含义。比如说很多访谈用户告诉黑莓说，我需要全键盘的手机，所以黑莓做出了全键盘手机，一度也很受欢迎。但乔布斯洞悉到全键盘背后的用户需求是方便用户输入，所以做出来完全没有按键的iPhone，却得到了更大的成功。乔布斯也是一位伟大设计师，他能够洞悉需求方所描述的需求背后的含义。所以说我觉得厉害的设计师能够理解老板、理解需求方他背后的潜在需求究竟是什么。再扩展一下，在互联网的团队里面，产品不见得总是产品经理去主导的。有时候测试会从产品稳定性的角度去建议产品，客服会从用户反馈角度来考虑产品是否满足用户需求，等等，而设计思维，就是要将不同角度的探询用设计的形式去落地，得到一个可见物。所以，设计思维另外一个要义是可以落地的设计。

问：设计师在互联网产品产业链中是如何介入的？

答：对于互联网产品规划环节来说，起主导作用的还是产品经理，其次就是设计师。简单来讲，产品经理他能够决定产品的功能。但是怎么去做，分几步做，有哪些细节，是需要设计师来介入的。比如说说会员注册功能，分几步完成，是分两步还是三步、还是在一开始就弹出，还是用户加购物后出现，还是最后结账的时候才做？这种注册功能，都是设计师，包括交互设计师、界面设计师这两个岗位的人来定的。所以说其实很多时候用户看到的就是设计师的做的内容。设计师需要翻译产品经理语言，这种翻译就是把这个功能变成用户看得懂的界面。设计师做完设计后研发团队就开始制作网页，编后台代码。完成研发后，会涉及验证，包括功能是否必须，产品构建逻辑是否清晰等，设计师在"翻译"的过程中体会最为深刻，有很强的发言权，很多公司一开始内部测试都是设计师上的，设计师觉得这个没问题才会进入下一阶段的开发。所以说界面还原度，还有功能还原度，分别是由视觉设计师、交互设计师、产品经理这三个人共同完成的。在不同背景的人员工作的协同上，是靠制度来进行管理的。界面设计师、交互设计师、产品经理任何一方没有确认产品的功能及细节，项目都无法往下推进。在实际操作中，如果设计师所提交的设计方案实现难度很大，产品经理和设计师会研究新的解决方案，最后一定是会达成一致。

问： 这个流程涉及一个企业内部管理协调以及话语权的问题，对吧？

答： 是的，不过这个问题要分情况看待。对于一般的公司来说，更多地就是看设计师的影响力，我创业那段时间，让设计师尽可能地表达自己的想法，因为我觉得用户体验设计师，特别是数字用户体验这个领域，起到承上启下的作用。很多时候流程、规范并不能造就好的产品，主要靠人，设计师上面承接的是产品经理，下面承接的是研发团队，设计师的沟通作用就非常重要。

问： 从你个人的发展经历来说，如何从一个设计师成长到一个产品经理，你下一步的目标是什么？

答： 从设计师到产品经理到自己创业再到企业管理，最本质的内心需求就是自己不断在看未来，去验证自己看到的是不是未来。作为一个还不是特别成功的过来人，我认为设计和产品是相通的，做到最后，无论是打工还是创业，哪怕作为一个设计师，也需要以商业作为工作导向，培育商业眼光。自己不断塑造核心能力，一方面熟悉商业模式、产品运营、团队管理等；另一方面再深入设计，设计就是产品力，设计能够更加准确地翻译用户的需求、市场的语言。从这里看，设计师出身对我来说是有优势的，可以从交互体验，从用户需求上面去思考整个商业产品价值链，这样就不纯粹是为商业而去做产品，做出来的东西除了赚钱，也能让人感觉到美和好用的价值。

4.4.2 访谈二：蒋超

蒋超

简介　深圳柔宇科技高级设计经理；十年工业设计及设计管理经验，荣获红点设计奖、中国红星设计奖、中国台湾金典奖、意大利 A Design 设计奖、欧洲设计奖等设计奖十余项。申请国内外发明专利百余项，国家级优秀专利获得者，深圳高层次专业人才。

图 4-6　蒋超及其设计作品

访谈内容

问： 柔宇科技是近年最为火爆的独角兽级科技创业公司之一，如何做到的？

答： 我们创立于2012年，在硅谷、深圳及香港同时创办柔宇科技，我们是一家典型的创新驱动型的高科技企业，公司备受市场关注，经过多轮融资目前估值400亿元人民币（截止至2019年）。公司取得目前的成绩，我想与三点有关：一是与公司的创始人刘自鸿有关，刘博士独具慧眼，是科技领域的大牛，有着清华大学本科、硕士，斯坦福大学博士的背景，不论在博士研究期间，还是创始人的海外工作经历，均与现在公司的主营业务有关，为公司的发展奠定了良好的科技基础。当然，除了刘博士，公司还有一大群志同道合、背景相同的同事每天在为共同的目标而奋斗。二是拥有100%核心技术自主知识产权,"我们从不预测未来,我们创造未来",公司聚焦于人机交互领域,用新型的全柔性显示、传感、生物识别技术促进人与人、人与物、人与自然之间的交流。柔宇的主营业务包含三大领域:厚度仅有0.01毫米、卷曲半径可达1毫米的新型超薄彩色全柔性显示屏;新型柔性触控传感器;智能移动终端设备。在此三个领域,在全球多个主要国家拥有3000多项专利及商业秘密(截止至2019年),涉及工艺、材料、器件电路和产品设计领域。三是与我们的目标有关,柔宇科技致力于打造成为一家新型的、人机交互领域的平台型技术公司。我们不仅仅是卖产品,更不是仅仅生产柔性显示设备或技术,我们要做的是将以柔性显示屏和柔性传感器为核心的柔性技术应用到各个行业以及生活的各个方面,公司提出了"柔性+"的口号,打造柔性星球。

问:刚才提到公司主营的三个领域,在公司看来哪个是重点,公司内部又是如何协调他们之间的关系的?

答:公司的未来是打造"柔性+"平台,在公司看来三个领域均是公司发展的重点,是平行发展的。根据三个主营业务公司,内部管理也分为三个板块,即柔性显示屏、柔性传感器以及智能终端。每个板块均是独立的闭环,三个板块之间的技术和成果又是共享的,同时公司行政部门平行服务于各个板块。在我看来,这样做有很大的好处。一是能够实现高效并富有创新精神的内部团队,柔性显示和柔性传感是柔宇的核心平台型技术,智能移动终端(如柔宇全球首款折叠屏手机)是面向消费者的产品、是市场端。三个板块各自独立且成闭环,能够保证在各自的领域不受外界干扰,同时在闭环中的创新能够展开,通过板块内部的委员会进行确认,不漏掉任何一个好的创意。二是三个板块相互联系,能够在商业中横跨B端和C端,"产生奇效"。如果柔宇科技靠柔性屏或柔性传感器这样的基础技术或产品,能够为大型企业提供一些柔性解决方案,但是越大的企业其追求的越是成熟可靠性高的方案,对创新的渴望度不高,所有我们采取了B2B和B2C并行的方式,既为企业提供解决方案,又应用本公司成熟的技术自行开发面向用户的终端产品,形成一个区别于传统科技企业的双行道,实现技术端和市场端的双向融合。

问:柔宇科技重视工业设计吗,是什么时候开始有工业设计人员的?现在工业设计部大概是什么规模，工业设计师的主要职能是什么，设计会外包吗？

答：首先我们的设计不会外包，现在我们有着自己的工业设计部门，而且细分为创意设计、用户体验设计、结构设计、UI设计等。公司非常重视工业设计的作用，我是公司的第六位员工，换句话说，公司在刚刚成立的时候就意识到工业设计的重要性，开始招聘工业设计人员。刘博士亲自不止一次的强调"科技＋艺术"的重要性，这里的艺术主要指的是设计创新。工业设计师，这里包括用户体验师、UI设计师等，都属于智能终端板块，主要职能是设计创新，包括公司终端产品的开发及迭代，还有就是"柔性+"的应用。

在终端产品的设计上，公司的设计流程基本遵从"用户调研-功能定义-功能创新-外观造型-结构设计-UI设计-草模-样机"这样一个标准设计流程，设计人员不仅要充分发挥个人的设计才能，还要相互协作，同时注重用户的产品体验及技术升级，充分利用深圳这座城市产业链集中的优势，不断对产品升级迭代。

工业设计人员对"柔性+"的设计，主要是思考柔性技术在各个行业的应用。我们做的是新技术，很多人认为柔性技术新颖、新奇，但不一定知道怎么应用。柔性技术的未来应用前景广阔，我们自身也是在摸索中前进。通过我们设计的思考和尝试，寻找柔性技术在各个行业中应用的可能性，发现柔性技术具体实现产品的契合点，给不同行业提供"柔性+"的参考和成熟化的解决方案，就是公司所定的目标——成为一家新型的、人机交互领域的平台型技术公司。

问：能给我们详细说说工业设计在"柔性+"平台上的应用吗？

答：柔宇刚开始成立的时候是一家关注硬件、硬科技领域的创业型公司，经过几年的发展、公司上下对技术研发的不断投入，已经建立起一套较为完整的技术体系，这套技术就是彩色全柔性显示和全柔性传感技术，它们是商业产品的基础，也能够为大中型企业提供柔性产品的解决方案。但是某一技术领域的突破，难以形成合力，对形成最终的具有市场竞争力的产品没有足够的帮助。而柔宇在2018年6月已经在我们自建的全柔性大规模生产线实现量产出货，这一里程碑打消了市场上的一些疑虑。公司提出"柔性+"的平台战略，主要是以柔性电子作为平台基础技术，在集成材料、器件、工艺、电路等多方面技术创新，将柔性电子技术应用到包括智能移动终端、智能交通、智能家居、运动时尚、教育办公、文娱传媒等不同的行业。

刘博士一直非常强调科技及艺术（设计）结合的重要性，时常说"想象空间、市场空间都很广阔，但还需要我们对产品更加精益求精，更加注重产品科学与艺术的结合，更加追求'工匠精神'"。而这些想象多是设计团队以柔性电子的特点为基础结合不同行业、不同产品的特性而创作的。这些设计，以技术为基础，充分关注产品的便携性以及能否给用户带来愉悦感、科技感。比如我们展厅展示的几件产品，均是设计人员根据柔性电子的特点在不同行业中的应用。那个汽车中控台，就是设计师以柔宇柔性技术为基础应用到交通工具领域，考虑到人们对智能交通的需求、用户对屏幕和信息的依赖以及未来无人驾驶时用户操作的可能性，设计师将汽车中控的显示、操控高度集成，考虑到汽车内饰的空间布局以及驾乘人员操作的便利性，设计时使用了一块能够弯曲的彩色柔性屏幕，柔性屏幕在汽车内饰的应用也给汽车设计、人车互动提供了无限的可能性。当然除了汽车领域，我们目前在可穿戴设备、智能家居、娱乐影音、箱包衣物等领域均进行了一定的设计尝试，有一部分已经实现了产业化，还有一些处于设计阶段。

4.5　创业型设计师谈设计

4.5.1　访谈一：赵璧

赵璧

简介　广东工业大学艺术与设计学院工业设计系教师，一直致力于重构设计价值链的相关研究。2014年创办云巢设计咨询机构（Designest Consulting），主张"为企业塑造全球化品牌"。作品涵盖智能科技、时尚消费、家居生活等诸多领域，先后服务于立白、NOME、海葳特、公牛、九牧、富光等行业领先企业。曾荣膺德国iF奖、德国红点奖、日本Good Design设计奖、美国IDEA设计奖、红星奖、中国优秀工业设计奖等国内外专业设计奖项60余项。

2014年联合孵化诺狐NOHOO童包品牌，两年时间，全球畅销100万个背包；2017年联合孵化的轻科技背包品牌KORIN，连续三年已在Kickstarter众筹超过了300万美元，充分诠释了创意经济时代下的设计驱动力。

图4-7　设计师赵璧及其代表作品

访谈内容

问：你能简单介绍一下你的创业经历吗？

答：2014年创业做工业设计公司。一个偶然的机会做了儿童箱包类产品，就开始介入了儿童包产品的开发，在2016年左右，儿童包做得比较成功，反响很好。我们就把儿童包的成功路径总结了一下，随后就开始提供整体的品牌孵化服务。同时，又启动了另外一个背包的项目叫扩云。2014年成立Designest（云巢设计咨询机构），扩云是2016年成立的。这两个项目：一个是设计咨询公司，一个是自己做产品、做品牌，所以两个项目路径有点不太一样。但总体来说都是利用自己设计方面的优势。

问：你觉得做设计服务和做品牌，这两者之间设计体现的价值有不同吗？

答：那肯定是有不同的。设计咨询服务就是纯设计，所有价值都是通过设计来体现的，设计咨询非常考验创意的把握能力，对市场、对用户需求的，对甲方需求的一个平衡。总地来说，基本上每天的大多数时间都是在创意的讨论中。但是做产品、做品牌，设计就只是整个链条中的一个环节而已。每天所处理的事情中10%～20%是跟设计相关的。更多的工作其实跟设计没有太大相关的。总地来说区别还是比较大的。

问：那在你做独立箱包品牌的时候，设计起到一个什么样的作用？

答：我觉得这个问题在不同的领域会不一样。我们这个产品、这个品类比较依赖设计。所以我觉得设计在这个品牌是起到驱动性的作用。就是说设计是这个品牌一直往前走的核心基因，从某种意义上说设计是它的核心竞争力之一。

问：以前在书上都看过美国工业设计协会说每投入一美金就会产出一千五百美金的价值。越好的企业，这种工业设计创造的价值就越多。在你的设计咨询公司也好，或者是自己的独立品牌公司也好，设计有没有量化的这种价值体现呢？

答：这个可能比较难，因为设计并不能直接跟经营画等号。可能有时候投入五万没用，有时候投入的五万又非常有用。设计跟具体的输出、跟整个链条很有关系。所以我觉得这个在公司里面是没有办法绝对量化。只不过在设计咨询公司相对容易量化一点，因为在设计公司里面就全是设计师。你可以理解为，设计的价值最终被量化出来的标志是这个设计师的工资高低。工资高的人就意味着他的设计对甲方产生的价值大一些，工资低的只能说明他的设计能力对甲方的影响小一些。这只是在数据上的体现。但是作为一个品牌商来说，去衡量一个具体设计的ROI（投资回报率）的话可能是有点难的。我做的箱包产品这个项目比较特殊，2014年做这个项目的时候，甲方的能力和团队都非常局限，他们没有市场部，没有品牌部，没有研发部，他只有生产和运营部。所以我们跟他合作不单单是接触了设计，其实是整个公司中许多部门从零到一的构建。在这个过程中，设计的价值看得很清楚，设计确实是起到了决定性作用的。在这个项目中设计投资回报率的量化指标会显得设计的价值大很多，设计介入的第二年整个公司的营业收入翻5倍。但是像我现在所做的设计咨询服务，甲方已经有很丰富的团队，甚至都有自己的设计师。在这种情况下，就很难界定我们的设计介入后价值到底有多大。

问：设计咨询公司和独立的品牌，设计在哪个领域价值体现的更大一些？

答：那肯定是企业方，设计是一个创新行为，创新的价值是持续的。任何一个行业如果做出了一个伟大的创新，这个创新会在相当长一个时间段内给他回报。但是设计咨询公司的商业模式基本上是合同式的购买，这个合同中并没有体现出后面几年可以看得到一个结果，设计咨询公司的那个设计回报，某种意义上是赶不上这种做产品的。

问： 设计咨询公司的体量及工作量呢？

答： 现在有30人，每年大概完成100项设计任务。合作比较久的企业会采用设计入股、设计提成的方式，这样相对合同式的设计购买相对扩大了设计的价值。

问： 设计入股的合作模式有什么利弊吗？

答： 这种合作模式"利"和"弊"都很明显。优点就是把设计咨询服务的价值放大了一些。但弊端就是周期太长，这个中间不可控的因素比较多，对于甲乙双方来说这种合作的年限要求就比较高，就是你能不能真的给甲方创造价值。因为创造价值的过程是很复杂的，有时候不完全能够由我们决定，有时候这个产品没成功，与我们也有很大的关系。这两种情况都有，所以这就对甲乙方的合作深度有比较高的要求。如果合作的比较浅层次的话，这个模式可能不太容易走得通。

问： 设计价值的无法量化是否和中国儒家的藏拙心态有关？

答： 我觉得这个问题不能这样说。设计的价值无法量化其中一个很重要的原因是"好的设计"没有唯一的标准。一个设计只有好和不好之分，但并没有九十分的好、八十分的好、七十分的好，就是因为没有这些阶梯，只有极端，那就没法量化。就像一个道德标准一样，他是比较模糊的，因为创意是摸不着的东西。我们只能够用结果来反映。这个结果包括获奖、产品卖得好，等等，所以我觉得这个行业就不是那么容易量化的。

问： 就你的观点来看其实是没有必要去量化的。

答： 我觉得没有必要，但是确实有优秀和不优秀的，像道德品质一样的，没办法给出具体的一个分值。

问： 如何看待设计思维的作用以及设计协同的价值？

答： 其实我觉得我们站在设计圈里面谈设计思维，会把设计思维放大到各个环节。其实就某种意义上来说，这种思维不是做设计的人独有的。现在很多产品出身的人、结构出身的人，营销出身的人，他们也很有设计思维。他们也懂得判断好的设计,他们也知道怎么样给一张设计图提意见,所以在流程中的设计价值的体现不能一概而论。有的公司他把设计师放在很重要的位置,给了设计师发挥的空间,他把设计的思维发挥出来了。那有的公司老板本身不是学设计,但却具备设计思维,他可能也就不需要了,所以说非常多的个体差异吧。

问: 你有没有尝试把设计思维带入产品或企业管理中去?

答: 做诺狐箱包的时候就有了,因为那个公司属于很初级的阶段,设计有所有的发言权,这个时候出现了一个现象,那时候合作中我们的话语权过大,导致设计主导经营。但是现在站在更大的视角看待当时的想法时我觉得还是比较狭隘的。任何一个职业、一个分工都是产业链上的一个环节。每一个职业都有他非常专业的一面,应该充分发挥每个职业的特产,不要强加某种观念在其他职业上。比如说一个法律人需要设计思维吗?那为什么不是设计师需要法律思维呢,其实大家彼此都是需要的,但是彼此没有必要因为你而彻底地改变,从某种意义上说每个岗位的专业性都非常深刻,所以可能我们更多还是站在怎么样能够去让设计发挥更大的作用的角度去参与到更多环节的决策而不是去决策。

4.5.2 访谈二:魏长文

魏长文

简介 15年工业设计从业经验;曾任浪尖设计副总经理;现优点智慧科技总经理、赛点设计创始人;2015年中国工业设计十佳设计师;个人及团队多次获得红点、iF、红星奖、G-MARK等各类奖项。

访谈内容

问: 简单说一下自己的从业经历或者创业经历。

图4-8 设计师魏长文

答：2005年大四开始到浪尖实习，一直在浪尖待到了2017年11月。在浪尖工作的11年中，从最开始的设计师到设计主管、到经理、再到集团副总。2017年11月从浪尖离职，离职后开始有点迷茫，那时候就不想做单一的设计了，想做一些变化。第一个就是，自己还是热爱设计；另外一个变动原因是这个社会对工业设计的需求不再是像以前一样，只是单纯的一个外观设计或是结构设计，交样品就完结束了。现在整个社会对工业设计定义的需求点更多了，粗略讲需要设计师提供的服务综合性更强一些。因为设计本身也想去争取更大的一个价值，就要更大的付出。针对这些思考，我迷茫了两三个月，然后从2018年初成立赛点设计。赛点设计是以做设计为基础，目标是做产品，做自己的产品。自己做产品的话，就要具备几个条件。第一个设计能力这是必需的；第二个对市场的认知和把控；第三个是系统性支撑或是说产业链资源比如说有硬件、软件的支撑。最后一点的要求就决定了很多设计公司、设计师个人在想做产品这条路上走得非常辛苦。当年正好遇到了我的搭档，他以前在华为做硬、软件开发，所以我俩一拍即合。做产品需要在市场上去浸泡、去了解，去认知、亲自去试错，这个过程我们走得比较辛苦。但是2018年中遇到一个合伙人，他主要的业务领域是传统的自行车，经过共享单车洗礼后欠了很多债，工厂拖到快撑不下去了。他也想突破，想做具有更高附加值的产品。所以就瞄准了带电的交通工具。当时市场上有电动助力车、电动滑板车和电动自行车三个方向。经过调研及分析，电动自行车技术含量高且有巨头如雅迪，爱玛、小牛等。电动滑板市场又太小，电动助力车大众接受度还蛮高的。所以我们就坐到了一起，决定做电动助力车这类产品。这个时候我们不再是纯粹的甲方与乙方的关系，更多地像是合伙人关系。我们负责设计、研发，他负责后端的生产制造和资金的问题，不同领域的人，不同专业的人集合到一起分工协作。电动车后续就变成了我设计公司的一个主打的方向。当然也做其他的设计，纯设计我们会挑那种价值高、有挑战性的设计。当然我们更倾向于做研发性的设计，硬件软件包括工业设计集成在一起的价值就会放大，而且比单一的工业设计更有意思。通过这种方式，我们才会更方便、更有底气、更有资本地去跟客户谈更深度的合作。包括跟MINISO，我们都是跟工厂一起来合作进行利润分成或销售额分成的合作方式。

我在设计公司这块的布局是这样的，第一个是做纯设计；第二个是跟别人一起来做产品；那第三条路就是做纯粹自己的产品，自己的品牌。这是我们终极目标，现在还在努力的路上。我们处在创业的第二阶段，在整个创业的过程中相较于以前学会了如何使一个产品更好地去落地、更有保障地落地、更精准地落地，这三个方面是非常难的。

问：在浪尖工作了十几年，这十几年的从业经验给你带来了什么？

答：非常感谢浪尖培养了我。因为我从学校出来专业能力其实是很弱的。进浪尖的时候设计软件基本不会，只会画草图。进了浪尖以后，浪尖的团队氛围很好，许多同事帮助我，渐渐地形成团队。个人觉得浪尖的平台特别适合培养人，特别适合工业设计的学习，他们有十多年的完善体制。做设计是结果为导向的，不是过程为导向的，浪尖的设计质量一直很稳定，不论什么背景的学生进来后输出的设计都很不错，所以浪尖的体系真的建立非常完善。在浪尖的后期我开始当经理，也在完善这个体系。浪尖有一种师傅带徒弟的模式，至少直到我离开的时候都是一个带一个的"师徒制"，所以浪尖真的是培养了我们不少。但是浪尖的培养主要在设计上面，设计的方法、设计工具、设计的认知和设计行业的一些情况，包括设计相关的商务、市场、企业、行业等。但是他本身的基因是做设计，在更广阔的领域里面还是有欠缺的，特别是在整个产品型的企业管理就有缺陷。在产品型的企业管理中设计只是很小的一个环节，这里面涉及跨领域的东西太多了。在浪尖最后两年，我也意识到做设计最终应该是往产品经理这个方向去做，所以我那时候也在浪尖提设计师应该有产品经理的思维，后面浪尖也在沿着这个方向发展。整体来说非常感谢浪尖，它培养了我很多东西啊，教会我很多东西。

问：赛点有多少设计师？内容人员有按项目划分吗？

答：现在我们工业设计有二十多个，硬件、软件加起来一共四十多号人吧。所有的人员没有按项目进行划分，我的观念可能跟很多公司不一样。我一直不想把人员的工作范围分得太细，有几个原因。第一设计师本身应该是个全才。第二设计师在设计过程中，你把他分到某个领域去以后，他就专注在这个领域，他在一定范围一定时间之内，能够做出很好的东西，能够上升到很高的高度。但长远来看会有局限。做设计最怕的就是到了一定程度后眼光打不开、世界打不开。所以我带他们都是要求他们要做全局，什么东西拿到是你手里面你都能做，而且都能出好的设计。我们设计团队虽然小，但是数码产品、家电类产品、生活用品类产品、新型交通工具、医疗产品、金融类产品都有涉及。

问： 做自己的独立品牌，刚才说了跟厂家合作你们负责研发，他们负责生产。那销售环节呢？

答： 整个产品来讲的话，三个重要的角色，一是设计。包括调研分析、产品定义以及硬件软件的研发工作。二就是在生产制造，三就是那个销售。这三个大的范畴是产品公司尤其是 B-to-C 和 B-to-B（电子商务的两种模式，B 是企业，C 代表客户）的产品公司必须具备的，这就要求是团队作战。我们团队是把研发和设计搭配，在供应链前端也就是设计生产制造端搭建了很好的团队，但是在品牌端我们存在不足。这个时候我们就只能借助外力了。借鉴搭建设计生产制作端的思维，在销售端我们在深圳找专业的销售团队，但是销售端合伙人的寻找就很谨慎，因为销售端是直接决定了价值配的分配。这个价值的创造和设计既有关也没关。所以销售合伙人一定要找志同道合的。现在主要集中线上，寻找在线上某一专业领域中做得专业的、志同道合的合伙人。

问： 单独做产品的公司销售和备货存在一定的矛盾，你们是如何解决这种问题的？

答： 我们的销售主要集中线上，而线上平台的好处就是大数据相对容易获得。通过专业的机构以及销售方提供的建议确定备货量。目前来看相对准确，至少到现在为止，我们只有跟不上的，没有过剩的，这是一个好处。

问： 你们现在第三步是要做自己独立的品牌，做自己的独立的产品，你会做什么领域呢？

答： 我们现在定得比较广，我想放开。前期我不想这么早去做垂直领域，我觉得这样的话，团队抗风险的能力特别差。所以我前期想把它放开一点。比如说今天做了一个厨房的产品，市场反应不错。那我孵化一个团队，让这个团队专门负责这个领域；明天觉得电动助力车还不错，就用另外一个团队专门去负责这个领域。设计是相通的，我的定义基本还是围绕着衣食住行这个大民意来定的。我们首先做的是出行吧。其实是数码周边，如充电宝、适配器，不论怎样我们主要是轻资产的思路，产品的售价也基本放在100～200元人民币之间，这样对我的投入不会太大，风险也会在可控范围之内。

问：国外一些设计师品牌会以主创的姓名做品牌的符号，你们会这样做吗？

答：我初步的想法会可能带一点这种感觉，但是我们也确实还没有太想好。以姓名或是带有姓名符号的品牌有优点，它能够实现个人品牌、个人价值，当然本身你个人就要将事情做得很好，就等于说你要打造一个人设，有点明星化的感觉，缺点我觉得会给自己一个框框、会给品牌一个框框。所以我们讨论的时候有考虑过不要用全名，就是因为这样会有点奇怪，因为中国人他不是讲个人，而是讲团队、讲藏拙。为什么做设计师品牌，我既希望他带一些我的影子，又不希望用一种固有的思维去思考它，我们想做的是一个更加具有开放性、多元化的事情，需要每个设计师勇于表达自己的想法。比如说扎哈的工作室，工作室使用了设计师的姓名，它设计的东西就非常有风格，它是间接的创作了一种独特的风格，但是我更多地是想要多元化一点的东西。而且用自己的名字来做品牌是有挑战性的，需要蛮大的勇气。

问：设计的附加值有没有量化的可能性？

答：这个很难。现在唯一的方式就是通过市场的验证。举个例子，我们那个电动助力车，如果收设计费，从ID到MD就是外观跟结构，你做完最多五六十万元人民币。但是现在我跟他做联合开发，相当于把设计费当成一种投资行为，设计入股，我做好设计、做好研发，然后合伙人负责生产销售。这个过程中设计入股占比40%。这样的方式其实你可以说把它量化了。根据销量来算我的提成，这应该是我们设计价值的一个体现。这个车已经上市一段时间了，销量还不错，月效率平均在6000台，而且这类产品的生命周期也比较长，一般一款产品会销售3年。

问：在这3年的过程中会有产品迭代吗？

答：迭代会有的，系列化的产品也会有的。同一款车型比如说我们本身定位是年轻的女性，用来上下班的，这种车型从上市开始算起销售了一年以后就开始迭代。那等到迭代产品推出大概就是第二年了，也就是这类产品生命周期内至少迭代一次。

问：有很多设计师一旦走向了管理岗位就抛弃了专业，在我调研中有许多设计师认为这样做是非常不好的，也有可能是中国没设计大师的一个根本原因，你怎么看？

答：我认同这个观点。现在这个社会，设计驱动力为代表的公司或产品在市场上的竞争力非常大，但设计仍然是根本。我之前在许多高校去讲课的时候提到"大设计师"的概念，设计师入门就是学校，毕业以后是实习，实习完了以后叫做初级设计师，然后到了三年到五年后，那就叫中级设计师。然后再往后十年左右，那叫高级设计师。那真正在往上走的叫大设计师，我不叫高级设计师，什么是"大设计师"呢？大设计师就是在以设计为基础的在设计产业链进行上下的延伸，要懂管理、懂产品的供应链、懂团队，就是项目经理跟产品经理的活你都要会，而且要做得更好，所以我把它定义为"大设计师"。

第5章

设计产业与工匠精神

设计师是设计产业中的最小单元,既是一种分工中的职业,也是一种社会身份。设计师身份的多重化并不在于追逐头衔,更不在于为了身份而身份。角色无论如何扩展,设计本身的真正意义和职责仍在于如何更好地服务于设计产业、更好地服务于社会生产活动。无论是主动的选择还是被动的需要,通过多重身份的结合、跨越和转化而带来更有效的新的工作模式,使设计发挥更好的能量,产生更多的可能性。

5.1 设计产业

5.1.1 产业

产业是产业经济学(industrial economics)中的概念,其研究兴起于20世纪70年代。产业在不同的场合和不同的语言环境下存在各种不同的解释。"产业"作为经济学概念,其内涵与外延具有复杂性。产业有广义和狭义之分。广义的产业指国民经济的各行各业。狭义产业指工业部门。产业经济学中所指的"产业"、"行业"或"市场"均为同义词。产业的概念是介于微观经济细胞(企业和家庭消费者)与宏观经济单位(国民经济)之间的若干"集合"。现代经济社会中,存在着大大小小的、居于不同层次的经济单位,企业和家庭是最基本的,也是最小的经济单位,整个国民经济又称为最大的经济单位。介于二者之间的经济单位是大小不同、数目繁多的,因具有某种同一属性而组合到一起的企业集合,又可看成是国民经济按某一标准划分的部分,这就是产业。简单地讲就是"生产物质产品的集合体,包括工业、农业、交通运输业等,一般不包括商业"。有时专指工业,如产业革命。有时泛指一切生产物质产品和提供劳务活动的集合体,包括农业、工业、交通运输业、邮电通讯业、商业饮食服务业、文教卫生业等部门。根据肖兴志在《产业经济学（第二版）》中提到的："产业是国民经济中按照一定社会分工原则，为满足社会需要而划分的从事产品生产和作业的各个部门，是社会生产力和社会分工不断发展的产物。"其概念中主要包含两个层面的内容，首先产业是一个集合概念，具有相同生产或产品特征的企业的集合。其次，产业的形成源于社会分工。

根据产业的概念，可以依据不同的标准进行分类，并具有不同的用途。最常用的产业分类法，即三次产业分类法，是按照人类社会经济活动的发展阶段划分，分为初级生产部门、次级生产部门和服务部门。也就是常说的，第一产业为农业，第二产业为工业，第三产业为广义的服务业，如流通部门、为生产和生活服务的部门、为提高科学文化水平和居民素质服务的部门、为社会公共需要服务的部门。其次适用范围较广是国际标准产业分类法和国家标准产业分类。《国民经济行业分类与代码》（GB/T 4754—2017）将国民经济活动划分为20个门类、92个大类、970个中类和更多的小类。而产业经济学意义下的"产业"是在标准产业的基础上，根据需求的交叉价格弹性或其他因素进行调整后再定义的产业，也可根据不同的经济学派及其理论来划分，产业经济学本质上是产业组织学（industrial organization）。

为适应产业经济学的各个领域在进行产业分析时的不同目的的需要，可将产业划分成若干层次，这就是"产业集合"的阶段性。具体地说，产业在产业经济学中有三个层次：

① 第一层次是以同一商品市场为单位划分的产业，即产业组织，现实中的企业关系结构在不同产业中是不相同的；

② 第二层次是以技术和工艺的相似性为根据划分的产业，即产业联系。一个国家在一定时期内所进行的社会再生产过程中，各个产业部门通过一定的经济技术关系发生着投入和产出，即中间产品的运动，它真实地反映了社会再生产过程中的比例关系及变化规律；

③ 第三层次是大致以经济活动的阶段为根据，将国民经济划分为若干大部分所形成的产业，即产业结构。

5.1.2 设计产业

设计活动伴随着人类造物，人类社会存在和发展的基础是物质资料的生产。物质资料的生产和再生产活动包括生产、交换、分配、消费等过程，就是我们通常说的经济活动。经济是社会的基础，是人类社会产生以来一直所面临的最重要、最广泛、最复杂、最严峻的课题。随着社会经济的不断发展，人们站在不同位置，从不同角度、不同层次，在不同领域内，对社会经济生产实践进行了深入、系统、反复的考察和研究，以把握现代经济发展变化的规律和特征，针对产业发展实践中的现实问题和应用目标，产业研究侧重于产业运行规律的探讨和实际问题的解决。设计与产业的相辅相成，缺一不可，设计是手段、是工具，产业是核心，与之相对的是非产业的设计与非设计的产业，涉及生产、流通、消费、管理。

设计产业与艺术文化、科学技术、商业经济都有天然的联系。自工业革命到信息技术革命带来的传统产业发展、转型与新产业的兴起，政府、企业、高校等不仅反思过去的发展模式，还从全方位、多层次的框架建构设计产业。设计产业是一个以设计为中心业务的产业集群，是设计业务的产业化发展的结果。设计产业的发展程度体现着国家或地区创新能力，是评价国家或地区竞争力的重要标准。设计产业的研究是设计学体系的一部分，也是当今中国文化创意产业、艺术创意产业中重要的一环。根据产业经济学的理论，设计产业包括设计产业组织、设计产业结构、设计产业政策及设计产业管理四个方面。整体来说，设计产业的发展经历了"先有行业而无产业 - 有产业无产业链 - 有产业、产业链，但缺乏产业研究"这样一个过程。设计产业逐渐进入学者的研究视野。设计产业的发展程度体现着国家或地区创新能力，是评价国家或地区竞争力的重要标准。

在我国，自2011年起（截至2020年）国家社会科学基金艺术学项目申请指南中每年都有关于设计产业的研究建议，在国家与教育部等的社科研究年度立项名单中，与设计产业相关课题立项共18项（不含2020年度国家社科基金项目），见图5-1。从图中可以看出2016年是个分水岭，在2016年以前与设计产业相关的指南项目数量平均比立项课题数量要多，在此期间各基金项目指南中与设计产业有关的课题名称存在一定的差异，如国家社科艺术基金重点项目用过"设计艺术产业""设计艺术及其产业""设计产业"三个名称，从2017年开始课题指南将于设计产业相关的课题指南统一命名为"中国艺术设计产业发展研究（重点项目）"，以后与设计产业相关的立项项目逐年增多。学者们的研究重点也从中外设计产业比较型研究（如2013年度国家社科基金艺术学青年项目"中外设计艺术及其产业竞争力的比较研究"、2015年度国家社科基金艺术学一般项目"中外设计产业对比研究"与"中外服务设计产业应用的比较研究"、2016年度国家社科基金艺术学一般项目"'创新设计'视角下的中外设计竞争力评价体系研究"）转向中国设计产业的本体研究（如2017年度教育部社科基金艺术学青年项目"产业视野下的中国设计组织研究"、2018年度国家社科基金艺术学重点项目"中外设计政策与国家设计促进机构研究"、国家社科基金艺术学一般项目"中国艺术设计产业核心能力评价与培育研究"、2019年度国家社科基金艺术学一般项目"中国欧盟设计政策比较研究"、2020年度教育部社科基金艺术学规划基金项目"价值链重构背景下工业设计产业转型的机制与路径研究"等）。

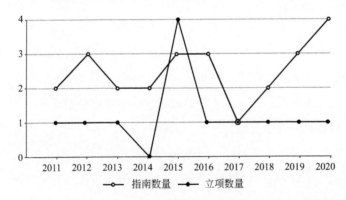

图5-1 与设计产业相关的社科基金指南及立项统计（2011-2020年）

"我们有理由相信，设计产业研究也极有可能在未来的十到二十年内成为设计理论研究中的热点和主流"，学者石晨旭与祝帅在2011年所期待的设计产业研究状态正在逐步到来。

相较于其他设计研究，国内设计产业研究出版著作偏少。根据文献整理，自2011年1月至2020年4月，国内出版直接用"设计产业"作为标题核心词的著作共计24部，其中包括历史研究在内的著作16部，以论文集为主的编著8部。研究设计产业的学者主要来自经济学、管理学与设计学三大学科。其中值得关注的是，"圈外学者"王晓红是国内最早关注设计产业的经济学学者，从设计产业的服务属性出发，论证中国设计服务外包是增强国际竞争力的主要途径。但此处的"中国设计"不仅是艺术门类中的设计活动，还包括计算机软件开发、集成电路等行业中的设计服务，是对传统三大产业中的服务业进行了整合后提出的"中国设计"。王国华与李世忠作为艺术学科的管理者，对艺术类大学生创新创业有所心得，讨论的是艺术设计创意产业，从创意到产品、从销售到经营，总体上属于创意落地，这是设计产业研究的一个组成部分。另外14部设计产业研究专著中，学者们的关注与切入视角虽然各有所不同，但大部分都拥有共同的话语基础——设计学。有的从设计实践的角度反思设计产业，有的在理论层面进行构建，也有的是历史维度的论述。李昂围绕中国工业设计产业，以企业的价值创造为起点，在不同的逻辑原型与现实特征之间进行相互论证与修正，从产业链整体分析国家工业设计产业在演进历程与组成结构等。季倩从空间视角出发探索设计对"设计之都"这类特殊城市的作用。成乔明在国家战略层面对设计产业进行宏观与中观的理论研究。石晨旭与祝帅抓住了中国设计产业的几个关键问题，从理论和实务两个部分，不仅从政策层、行业层、学术层分别提出设计产业的研究内容，还用比较法、案例法证明了产业竞争力的提升途径，对设计产业研究的理论框架与方法论做出了系统论述。沈榆在中国现当代设计的发展中，加入了重工业和轻工业中的设计解析，从国家产业发展中认识设计变迁。柳冠中用简短的篇幅凝练了对工业设计产业的实质理解，是少数给出设计产业定义的学者之一。

在2011～2020年期间国内出版了8部设计产业研究论文集。相对来说，设计产业蓝皮书应该是国内最权威的年度设计产业报告，对全国设计产业及其各行业的发展起着重要的指导作用。蓝皮书本质上是论文合集，目前已出版四册，2018年度、2019年度的设计产业蓝皮书截止到2020年4月均未正式出版。年度出版的《设计产业蓝皮书》是一项长期的、系列化、有计划、有组织的编撰工作，最能反映学者们对设计产业的逐步理解，同时也对设计产业的深入研究具有重要指导意义。这四部蓝皮书从题目到框架，相似又略有不同，反映了编者团队对设计产业的理解有了新的体会（表5-1）。只有最早出版的书名大标题为"工业设计蓝皮书"，其余都是"设计产业蓝皮书"，而文集子标题"中国××研究报告"，分别从第一部

表5-1 已出版的《设计产业蓝皮书》及编撰特征分析

书名	工业设计蓝皮书：中国工业设计发展报告（2014）	设计产业蓝皮书：中国设计产业发展报告（2015）	设计产业蓝皮书：中国创新设计发展报告（2015—2016）	设计产业蓝皮书：中国创新设计发展报告（2017）
全书框架	1.总报告 工业设计——实现自主创新的引擎 2.专题研究 8个专题，包括全球工业设计现状与趋势、国内设计政策、国家创新战略与工业设计体系建构及其机制、工业设计产业促进政策体系研究、知识产权战略、设计教育、设计理论和方法的最新动态、中国老龄化社会服务 3.区域发展研究 北京与广东工业设计发展 4.国际比较研究 美国、英国、德国、意大利与亚洲工业设计发展现状、趋势。世界设计之都的建设与发展 5.案例研究 包括企业、设计公司、设计项目、组织机构、园区、国内外设计大奖与国内产业联盟，共7类案例	1.总报告 国内外工业设计行业发展形势分析与预测、中国设计产业发展现状 2.地区篇 五市一地区设计产业发展形势分析和预测，另外对珠三角大型品牌制造企业设计竞争力研究 3.行业篇 多个设计行业的发展形势分析和预测，并讨论了文化创意众筹金融的兴起与前景 4.政策篇 中国红星设计指数编制方法与北京市设计产业统计分类研究 5.活动篇 发生在北上广深四个城市的主要设计展览、比赛、研讨等活动概况的汇报	1.总报告 创新设计引领产业转型升级 2.专题研究报告 大数据、工业4.0与创新设计范式变革研究，设计创新与知识产权发展现状和趋势，创新设计教育模式研究 3.行业研究报告 高端装备制造业设计、互联网思维与互联网设计、信息化设计、影视动画创新设计、服装设计的发展趋势与对策 4.国际研究报告 美国与芬兰的设计发展 5.区域研究报告 长三角与珠三角、京津冀与香港设计业的发展状况 6.企业创新设计案例 7.设计组织案例研究 中国创新设计产业战略联盟、德国设计委员会、SVID瑞典工业设计基金会	1.总报告 推动创新设计迈向制造强国 2.专题报告 创新设计与知识产权战略发展研究、设计管理发展研究、创新设计教育发展研究报告 3.2016—2017年行业发展研究报告 侧重案例研究，阐述了工业设计驱动传统制造行业升级、虚拟现实技术创新设计发展研究、服装等行业，"中国好设计"提升中国创新设计能力 4.国际研究报告 美国、英国、意大利等国设计发展现状的介绍 5.区域研究报告 广东、上海、香港、北京四地创新设计的发展 6.创新设计案例研究 设计中心与创新产业集群等

续表

优势	1. 专题讨论较全面 2. 案例研究包括企业、设计公司、组织机构、产业园区、设计奖项与产业联盟，涵盖了不同职能的设计组织与产业部门	1. 明确提出"设计产业"，并尝试对设计产业进行行业划分 2. 首次公开红星奖评价指数	1. 首次用创新设计，与中国创新设计产业战略联盟的成立有直接关系 2. 区域研究中，以经济圈代替城市，重视设计与经济发展指标 3. 重视对企业的研究，对不同类型的政府设计组织有所介绍	1. 总报告直接指出创新设计与国家发展之间的关系，强调了设计的价值 2. 专题设置延续之前的思路，指向不同的配套领域
不足	1. 国内区域设计研究的范围相对窄 2. 国际比较研究，缺乏"比较"的论述	1. 设计行业划分，包括勘探与集成电路等设计，难以获得行业认可 2. 与之前的版本相比，去掉了专题篇而增加活动篇，且偏报道性，缺乏对活动后续效应的分析	1. 设计行业划分依据不明确 2. 缺乏对国内其他经济圈设计产业的介绍	1. 对国际设计发展与国内区域的研究，与之前的版本略有交集与重复 2. 创新设计案例的甄选类型不明确

的"工业设计"，改为第二部的"设计产业"，后又在第三、第四部更改为"创新设计"，对设计进行了修订，突出了创新的本质与助力产业转型升级的作用。后两部蓝皮书集合了国内多位关注设计管理与设计产业的学者的成果，比之前的设计蓝皮书更全面，对设计产业的理解日趋成熟。

由于学者们的研究方向与所处领域、平台等的不同，设计产业的研究内容也在不断地扩展和深入。相比较专著与编著，学术论文在阐述问题、发表观点时相对灵活，学者们更乐于用学术论文的方式呈现当前国内设计产业的研究。根据所收集的论文资料，目前国内设计产业的研究呈现以下几个特征。

① 设计产业研究与设计管理有关。许平曾表示设计产业政策研究的必要性是在对设计管理进行学科梳理的过程中发现的。国内设计管理学者涉足设计产业的有刘曦卉（长期从事设计管理与经济发展中的设计问题研究），陈圻是国内最早从管理学视角研究设计产业的学者。

② 设计产业研究是国家创新系统中"设计"要素的理论根基，是当代设计学理论研究中重要的一环。路甬祥与朱焘从国家层面关注设计产业在科技与创新中所发挥的价值；柳冠中高呼"设计强国"，是从国家创新系统的角度说明设计价值，强调设计产业的机制与顶层设计；唐林涛从国家政策、产业构成、设计师知识及三者的动态互动关系，探讨了中国设计产业的发展路径。祝帅较早关注设计产业，认为设计产业研究可能是中国设计研究目前最实用、最具有特色的研究路径。邹其昌在设计学理论体系中辨析了设计产业研究的重要性，又在后来的研究中说明了工匠文化与设计产业的关系。

③ 设计产业的发展变化是设计史研究的一部分。设计的历史关注造物活动与思想，因而与造物密切相关的社会、经济、技术的发展情况也是设计史必须要阐明的部分。张馥玫以上海日化行业为例讨论了20世纪中国设计发展中的设计产业体制问题。

④ 从业主体是设计产业研究的重要对象。设计产业的从业机构研究，也就是设计公司、设计事务所、企业的设计部门等承接设计业务的组织，在产业研究中逐渐把公共设计服务机构等也纳入其中。陈冬亮对阐述了DRC（北京工业设计创意产业基地）在产业发展中的作用。在各级政府文件中也明确指示，工业企业的设计部门是我国工业设计产业的主体机构。

⑤ 设计产业研究是设计产业竞争力研究的基础。由于竞争力具有天然的比较概念，设计产业竞争力实质上就是一种比较研究，因此以产业研究为基础、建立比较模型至关重要。陈圻等运用传统经济学方法，验证中国设计产业使用钻石模型的合理性，进而论述中国设计产业竞争优势的影响机制，呈现出跨学科研究的优势。邹其昌、华沙建立了设计产业竞争力研究的PMBTA模型，是之前关于设计产业竞争力研究的完善与补充。

⑥ 设计产业研究是设计教育改革的重要参考指标。由于目前从事设计研究学者们主要来自高校，而且就业是目前衡量高校教育质量的重要指标之一，所以谈论因产业变化导致的设计教育改进、改革，就成了各院校设计教师最关系、最热议的话题。潘鲁生提出的"设计新六艺计划"就是从传统文化资源转化的角度思考设计产业的发展，进而对设计教育提出的新构想。

5.1.2.1 逐渐清晰的设计产业概念

"设计"作为"产业"的修饰限定语,理解"设计产业"首先要阐明"设计"的含义。设计作为一种有目的的创造性活动,可推测"设计产业"大概是两种情况:第一种是设计被动地成了产业,因为设计是其他产业发展与创新的得力助手,甚至是驱动器;第二种是主动把设计成果做成产业,因为设计的本质就是规划、筹谋、创新与整合。今日的设计不仅直接影响着民众生活中日用物品的制造,还帮助航空、轨道交通等行业更人性化,更是在扶贫、公益等领域以多元化的服务形式渗透入农业、服务业。那么设计产业就不是一类单一的产业,更不是一种设计,而是一个群集。因此石晨旭和祝帅建议将"设计产业"英译为"design industries",而非"design industry",也是令人信服的。

在已出版的设计产业研究著作与学术论文中,多数学者们都在回避"设计产业"的概念,一个复杂的、开放的、新兴的产业很难直接套用现有的产业经济学的方法来定义,改编文化产业和创意产业定义的做法也有很多不妥之处。少数学者在论著中明确阐释了"设计产业"的概念,如柳冠中与海军观点比较接近,认为"设计产业是指参与设计价值生产与传播的企业经济活动的集合。设计产业是以工业产品设计为基础的产业体系,包含了设计创意、形式传达、制造、流通、使用、回收环保为核心的基本过程,是典型的知识密集型、智力密集型和资金密集型产业"。2010年《北京市促进设计产业发展的指导意见》中提及设计产业"是生产性服务业的重要组成部分",根据此指导文件,北京市统计局、国家统计局北京调查总队于2017年发布《设计产业统计分类(试行)》,在文件中设计产业是指"以工业产品、建筑与环境、视觉传达等有形或无形的产品为主要对象,以提升产品价值、改善用户体验为目的,将创意转化为解决方案的创造性活动的集合"。设计产业包括:产品设计、建筑与环境设计、视觉传达设计、其他设计。

无论是设计、还是设计产业,都可以用维特根斯坦的家族相似性(family resemblance)来描述。维特根斯坦认为:"缺乏统一的定义并不会阻碍人们一致地、有意义地使用该概念。"由于语言在历史中发生了意义的变化,设计在时间的流逝与学科思想的延展中,从"艺术创作中的构思与安排"变为了一种专门的职业活动，其内涵是在不断发展变化的，设计学科中对设计的理解从偏重视觉艺术的窄化走向人类基本能力的泛化。并且设计从业者们会对具体的工作内容和理解因人而异。设计的不确定性、模糊性、复杂性，并不意味着设计无法解释，更不代表人们无法对设计做出明智的判断与选择。但不论设计、设计产业是否形成了统一的概念，都不会阻碍人们一致、有意义地使用该概念。

设计是产业化的行业与存在，为消费者提供产业和服务，履行其经济责任的同时也表达了它的社会责任。然而从生产方式的社会形式看，这部分责任并不完整，其内在属性还要求它必须履行文化、审美、伦理等义务，承担社会价值创造的责任。设计能够提升民众的生活品质、文化及其载体的视觉呈现、增加生产制造的附加值、促进产业竞争力、提高制造物的整体设计水平，是产业的重要组成部分，设计的位能、位势都将是难以估量的。设计是物化的产业，充分认识设计产业的社会价值，从生产力的角度关注创意设计、促进设计产业的健康发展，是推动社会经济发展的当代设计观。

5.1.2.2 设计产业是否需要限定语？

汉语中的"设计"含义丰富，因此相关学科通常在设计前加上限定词作为专业区分，如机械设计、工程设计、艺术设计等。在国务院学位委员会、教育部修订的《学位授予和人才培养学科目录（2011年）》中，设计学成为艺术学门类中的一级学科，因此在范围与前提明确的情况下，可以将"设计"作为设计艺术或艺术设计的略称。2011年以来国家社科基金艺术学项目的申报指南中，"设计艺术产业""设计产业""艺术设计产业"反复交替出现，某种程度上说明了制订选题的专家们在"设计产业"前是否需要限定语上存在一定的思考与不确定性。"创新设计产业""艺术设计产业"等，给设计产业加上限定语，以示此设计与彼设计（工程设计、集成电路设计等）的区别。有相当多的学者在一定程度上认为"设计产业就是工业设计产业"，如柳冠中、李昂、黄雪飞等，这类观点与世界设计组织（World Design Organization，WDO）在2015年修改工业设计概念有关，新时代下各类设计行业的边界逐渐模糊，进入到一个"大设计"的范畴。同属于艺术门类的"工业设计产业""平面设计产业"等是按照设计类型进行的划分，石晨旭与祝帅认为中国平面设计产业发展遇到的问题，在其他设计的产业中也同样存在。因此"设计产业"前面要不要加限定语取决于谈论该话题的学科语境。

5.1.2.3 设计产业与创意产业的关系

在对"设计产业"进行文献搜集与筛选的过程中，还发现了一些与设计产业十分相似的词汇，如"艺术创意产业""艺术设计创意产业""创意设计产业"等，明显是从"创意产业"、"文创产业"与"文化产业"的基础上衍生出来的。成乔明认为："设计产业是文化产业的一部分，也不同于一般的服务业。"李昂则认为："工业设计产业是文化创意产业与生产性服务业的综合。"更多的学者在"设计是一种服务业""设计产业是现代服务业的重要组成部分"等观点上取得了共识。在台湾，"设计产业"是产品设计的重要研究话题之一，台湾学者总体上是把设计产业归为文创产业的一个子类别来进行研究的。香港受英国影响深远，更多是以"创意产业"来代替"设计产业"的。

设计产业作为一种社会生产方式，在创造精神财富的同时，也在创造经济财富。因此，设计产业具有天然的双重属性——经济属性和文化艺术属性，向社会贡献双重效益——经济效益和社会效益。在设计领域中强调标准化、规模化、有序化的生产特征，设计产业的规模效益需要先进技术的融入及创新应用。从中国当代设计产业定位的政策层、行业层、学术层来看，存在无主管部门、行业内部难以达成共识、学术不重视这样的问题。甚至在类别归属上，设计产业确实有点尴尬。根据2015年工业设计的定义❶，设计是一种服务业，当设计成为一种服务产品时，相较于其他产业产品，具有非实物性、不可储存性和生产与消费同时性等特征。设计又不完全是一种"创意产业"或者"文化产业"（culture industry）。作

---

❶ 世界设计组织"WDO"2015年关于工业设计的最新定义，翻译如下：（工业）设计旨在引导创新、促发商业成功及提供更好质量的生活，是一种将策略性解决问题的过程应用于产品、系统、服务及体验的设计活动。它是一种跨学科的专业，将创新、技术、商业、研究及消费者紧密联系在一起，共同进行创造性活动、并将需解决的问题、提出的解决方案进行可视化，重新解构问题，并将其作为建立更好的产品、系统、服务、体验或商业网络的机会，提供新的价值以及竞争优势。（工业）设计是通过其输出物对社会、经济、环境及伦理方面问题的回应，旨在创造一个更好的世界。

为设计活动的核心主体,也是设计产业中最活跃的一环——设计师在产业中的价值,一方面取决于设计作品的产业价值,另一方面来自设计活动中的协同价值,也就是设计师工作的成果与过程直接影响着设计产业的活力。因此个体设计师与群体设计师的职业状况与价值认同,在某种程度上反映着设计产业的发展状况,是设计产业竞争力的重要指标之一。

5.2 工匠精神

  2015年11月习近平强调在适度扩大总需求的同时,着力加强供给侧结构性改革。2016年3月李克强提出培育精益求精的工匠精神,《"十三五"规划纲要》更是把发展的基点放在创新上,只有实施创新驱动发展战略才能促进产业迈向中高端水平,消费对经济增长贡献明显加大。纵观国家政策,面向生产制造企业的改革是我国2016~2020年这五年推动经济发展的重中之重。设计在国家经济发展、文化发展中的价值,作为交叉学科的设计学,尤其是工业设计,似乎在扩大需求、助力供给侧改革、消费升级、指导生产企业转型等方面都有所贡献,但是这种贡献价值在产业经济中是很难衡量的。人文社科较少关注国家政府层面的政策,2016年李克强总理提出"工匠精神"之后,引起了广泛的共鸣和热议,成为最近两年经济学领域与人文社科领域最热门的研究词汇之一。

  李克强总理所指出的"培育精益求精的工匠精神",本意是面向生产制造企业。在产业经济学与设计学的双重视角下看设计师与工匠精神、造物文化,这种产业学视角不仅仅是某一类产业,也不完全是设计产业,而是与"造物"活动相关的工业(实业)和以设计思维为驱动力的服务业(虚业)相结合的一种复合型产业观念。任何产业的发展周期,包括萌芽期、探索期、发展期、成熟期、衰退期或转型期等几个阶段,都是文化与技术变革两个因素驱动的直接结果。产业视野下的设计师与工匠精神,理论范式来自社会学、经济学、艺术学、管理学等多学科的学术滋养，是一种跨学科性、应用性、整合性和发展性的研究。

经历前现代的农业社会、现代的工业社会，人类社会正朝向后现代转型。该种转型又因为经济发展和文化发展的不同逻辑，各国呈现出较大的差异性。站在不同立场、不同学科背景下的专家学者们，将这种转型的社会称为"文化社会""信息社会""法治社会""共享社会"等。同理，在设计学与产业经济学两个视角下，社会转型要实现人的物质、精神需求的双创平衡，避免成为单向度的人，实现和合共生。这种转型的呈现，更多情况下是一种市场的力量，一种来自产业的力量，一种多样个性中的共性的力量。

在古代，工匠特指熟练掌握一门手工技艺并赖此谋生的人，如铁匠、木匠、皮匠等；在现代，工匠除了是指传统意义上的手工艺人，还泛指生产一线动手操作、具体制造的工人、技师、工程师等。无论是西方语境，还是东方语境，工匠曾经是一种职业，构成了前现代手工艺时期的社会职业主流，在现代工业时期也肩负着重要的社会责任。一次次的劳动分工、产业发展、技术进步、社会更迭对"工匠"这种职业及其社会价值产生了怎样的裂变与起伏，本章将逐一述及。

5.2.1　西方的工匠

在西方，表示传统工匠的词语主要有artificer、artisan、craftsman、journeyman，表示现代工匠的词语有designer（设计师），maker（创客），都与manufacture（制造）有关，明显已经是工业时期的词汇了。根据《美林韦氏词典》和《牛津辞典》的解释，在表5-2中可见，从最早的使用时间来看，craftsman是表达"工匠"较早的词汇。artificer和artisan是同根词，源自拉丁语中一种被称为"ars"的体力劳动，意为把某种东西"聚拢、捏合和进行塑形"（to put together，join，or fit），后来随着这种劳动形式的逐渐丰富才演变为"技能、技巧、技艺"（art）的意思。从词义内涵上看，artificer是带有明显的褒义和对独有技能的肯定，craftsman是对工匠的统称，而artisan作为一门特定的职业和特定的社会阶层（即工匠、手工艺人），是通过16世纪法语"artisan"和意大利语"artigiano"的含义才确定下来的，并于17世纪早期开始广泛使用起来。18世纪的欧洲逐渐具备了产生工业革命的条件，工业革命是社会生产力的一次空前飞跃。工业革命对劳动人民最直接的职业影响就是大量的工作坊工匠变成了产业工人，少量的工匠进入了工厂的核心技术层。20世纪，工艺技能的神话产生了，工匠的角色也被重新定义。西方手工艺界曾经一度倾向摈弃craft这一名词。在意大利，用"tecnici（技术员）取代了craftsman（匠人）一词，暗示着他们已经成为深谙新工艺、材料消费的新型人才"。在几个世纪的整合到多维创新的过程中，从小型的创客工作室、手工艺工作坊到奢侈品牌，以及全球化协作的大型企业，可以说工匠精神依然是设计过程中质量控制的关键因素。在西方历史发展与文化语境中，各类工匠由于技能不同，导致社会地位不一，大致关系如下。

artificer > artisan > craftsman > journeyman

表5-2 表示工匠的英文词及其定义

表示工匠的英文词	《美林韦氏词典》		《牛津辞典》	
	定义	最早使用时间	定义	来源
craftsman	1.做贸易或工艺品的工人 2.有技能地创造或行为灵巧的人，特别是手工艺人	13世纪	在专门工艺中熟练的工人	
artificer	1.能工巧匠 2.能够设计或发明创造的人	14世纪	1.武力斗争中熟练的机械师 2.熟练的工匠或发明家	中古英语：来自盎格鲁-诺曼法语，可能是法语中人造物的变形，源自"技巧"一词
artisan	1.做贸易或工艺品的工人 2.常使用传统方法生产有限数量的物品（如奶酪或葡萄酒）的人或公司	大约1538年	技术熟练的工人，特指手工制作的工人	16世纪中叶：来自法语.意大利语，最早源于拉丁语，是艺术家艺术指导的过去分词，与艺术的同根词
journeyman	1.按天雇佣的.学习做贸易的人 2.经验丰富的、可靠的工人、运动员或演员，区别于成就卓越的人	15世纪	1.可靠但不突出的工人或运动员 2.训练有素的雇佣工人	晚中古英语：由旅程（过去的含义：一天的工作）和人构成，因为工匠的报酬不再受契约约束，而是由当天支付

5.2.2 日本的工匠

日本把在某领域内具有经验、技术纯熟、能够独当一面、制作东西的工匠与手工艺人等被称为"職人"(也写作"职人"),如木匠主要负责建造房屋、箧匠的职责就是编笼子、造纸人就是用纸浆做纸的人等。职人首先要在某种技法上特别地熟练,能够做到手随心动,这也是成为职人的前提条件,因此在技法上还没有达到炉火的学徒或是弟子是不能称之为职人的。"匠"(Takumi)在日本社会中的地位更高,不仅指技法熟练的人,同时也是人品优秀的人,获得广大人民群众认可的人,所以"匠"在日本是褒义词,"匠"是对有技术的人的很高级的赞美,日本知名作家盐野米松说过:"一般人都会对'匠'投来羡慕的眼神。普通人也会给自己的孩子取带有'匠'的名字。建筑公司和职人开的公司的名字里有'匠'字。"这种民众尊重职人与工匠的"重职主义",就成了日本文化的重要构成之一。这种社会传统主要有两个方面的原因。一方面由于日本地理环境造成的,国土面积狭小,资源相对匮乏,但是用户对产品的质量、功能以及细节有着较高的要求,所以整个社会对能制作出优良物品的工匠很尊重,甚至对技艺超群的工匠其地位高于学者。另一方面与日本特殊的宗教信仰有关,神道教主张万物有灵,又是日本的本土宗教。在泛灵论思想的影响下,能够改变物质形态的技艺往往被人们视为具有神秘力量的咒术。因为职人能够将木材、矿物等自然之物加以改造,使之具有形体,成为人类的日常用品。由此职人所制造的器具也被当时的人们认为是另一种形式的生命存在。日本由工匠技能的高低划分成尊卑不同的社会地位,大致关系如下。

匠(Takumi)＞职人＞弟子、学徒

5.2.3 中国的工匠

中国古代文献《周礼》说:"知者创物,巧者述之守之,世谓之工。"《辞海·工部》说:"工,匠也。凡执艺事成器物以利用者。"《考工典》说:"以其精巧工于制器,故谓之工。"由此,古代文献中"工""匠""工巧""巧匠"都是指工匠，说明他们是古代社会中一些心灵手巧以成器物的人。中国历史上作为传统工业技术主体的工匠，可分为上、中、下三个等级，"上"主要是"巧匠""哲匠"等人，这些人可以称之为科技专家；"中"是指专业技术化与职业化的"匠人"与"匠师"；"下"是指熟练工人，通常称呼是"百工""工人"等。在中国的历史渊源与语境中，工匠所掌握技能高低的大致关系如下。

哲匠、巧匠 > 匠人、匠师 > 百工、工人

5.3 设计产业视野下的工匠精神

现代学者们对工匠的系统研究，最早见余同元《工匠精神的历史传承与当代培育》，从历史文化学的角度对中国传统工匠及其现代性转型做了深刻的剖析。近年来，"工匠精神"成为多学科的研究热词，各行各业都将工匠精神作为一种职业精神，探讨中国工匠精神的内涵和行业必要性。如李宏伟等探讨了工匠精神的理论与现实意义；还有一类成果近似于行业宣言，多发表于各类报纸，如某某行业需要怎样的工匠精神。也有相当一部分采用了比较研究，如孙清华从思想政治和精神文化建设的角度论述了西方国家的工匠精神内涵。由于德国和日本的制造业相对发达，因此有不少研究成果多集中于德国和日本的工匠精神对中国工匠精神构建的启示，如蔡秀玲从宏观经济学角度分析总结了德日制造业转型过程中工匠精神形成的制度基础；周菲菲从中日文化交流的角度探讨了日本工匠精神的中国起源；杜连森则从德日工匠精神起源上提出形塑我国工匠精神的必要性及步骤。《装饰》期刊在2016年第5期策划了"工匠精神"专题，刊载了四篇文章，李砚祖对工匠精神从历史和现实的角度进行了系统概述；王小茉讨论了工业化背景下工匠精神与造物中人的主导性，并延伸至设计教育；唐林涛以德国为参考对象，从设计、设计师与工匠精神的相互关系反思我国的工匠制度；阙雷结合价值链分析

中国现状，从工匠习惯到工匠精神的升华需要制度的涵养。而汪燕翎从时代发展中观看匠人匠艺内涵，关注后工业时代工匠精神的演变。还有一部分学者是在中国传统文化中探寻工匠精神与造物文化，如邹其昌提出了中华工匠文化体系，并多次撰文，从典籍文献整理到理论构建，从历史价值讨论到当代行业运用；潘鲁生从中国传统文化与工艺文明的角度，阐述工匠精神的内涵，呼吁对手工艺的传承与保护并探讨其当代价值。

将工匠精神代入设计产业视野下进行思考，一方面与产业经济学、设计学有关，另一方面"工匠精神"是面向个人的职业精神与面向集体的企业文化，因此设计产业视野下的工匠精神包含设计学与产业学的交叉，同时包含了微观个人职业与造物活动、中观企业文化与产业集群和宏观国家物质文化与民族精神文化三个层面。

5.3.1 发展逻辑下的工匠精神

将工匠精神放在设计产业的背景中进行思考涉及艺术学与经济学的学科交叉，因此需要放入一个更大的框架中以进行宏观把握，并有必要对所涉及的领域进行发展逻辑方面的概述，并对作为多学科交叉的设计学的特殊属性加以简述。

凡是发展的问题，都与历史有关，经济发展也不例外。因此按照历史哲学的思路，可归为历时性进化的"阶段论"和共时性演变的"并列论"。意大利哲学家维科将文明分成"神-英雄-人"，人类学之父摩尔根把人类社会的进化归纳为"蒙昧-野蛮-文明"，政治社会法律等学科常谈到的"宗教-道德-法律"，劳动分工领域的产业大分工"渔猎-农业-工业"，苏联领导人斯大林提出"历史五段论"，即"原始社会-奴隶社会-封建社会-资本主义社会-共产主义社会"。康德把历史看成是一个具有"合目的性"与"合规律性"的发展过程，坚持"绝对精神"的黑格尔则把历史看作是一个自由与解放的过程，汤因比继承了斯宾格勒的"生命周期论"和"直觉观相法"，认为每个文明都要经历起源、生成长、衰退、解体和灭亡五个阶段。

5.3.1.1 经济发展逻辑

经济发展不仅是现代经济学的中心议题之一,也是社会科学的一个学术难题。经济发展涉及国家的强弱、人民的富穷、社会的进退、文化的兴衰。经济发展必定会与以上各要素有关联,但其原因则很难探求。经济发展问题可以从以下四个维度来概括:第一,与经济相关的各学科之"横向维度";第二,经济学理论发展的"纵向维度";第三,经济发展的来源、优势和原因这"三层维度";第四,与国际竞争有关的"比较维度"。

中国改革开放30多年,卓见成效,经济腾飞,综合国力增强,市场经济日趋繁荣,人民生活水平也在不断提高。近几年受各因素影响,中国经济增长速度放缓,各类更具深度的改革政策陆续出台,如2016年中国经济改革的重点是为"供给侧"改革,解决产能过剩的问题,尤其是低层次的重复建设。

5.3.1.2 文化发展逻辑

《管子·牧民》:"仓廪实而知礼节,衣食足而知荣辱。"礼节与荣辱等有关精神文化建设需要一定的物质基础。马斯洛的需求层次模型有自下而上的五层金字塔结构,首先由生理需要、安全需要、归属和爱的需要、尊重的需要四个方面构成,只有满足了这些需要,个体才能产生顶部的需要,也就是自我实现需要。因此经济发展是文化发展的必要而非充分条件。

从整个文化史来看,任何文化的发展形式都是不固定的,在一定程度上会受到社会历史事件的影响,从而表现为多样化,并且不同文化之间的相互渗透、相互影响是文化发展形式的必然。中国文化随着历史的"分""合"演进,各民族特征相互影响、磨合、交融,以及经济改革对社会生活的作用,形成了现在的样貌。有一部分学者持相对乐观态度,然而更多的学者是一种担忧与批判的态度。中国作为四大文明古国之一,拥有悠长的历史,蕴含的文化博大精深。对于我国的现状来说,文化是软实力,是社会发展以及与世界竞争的重要手段,在经济发展与现代化进行中起到非常重要的作用。中国传统文化的当代价值,是各应用学科要关注的问题之一。文化强国是当代中国文化的发展与建设目标。中国传统文化如何在当代的生产生活中继续发挥应有的价值，而不是被彻底西化、丧失殆尽。"文化繁荣兴盛是民族繁荣兴盛的鲜明标志和重要支撑。"十八大以来，习近平同志在强调中国特色社会主义道路自信、理论自信、制度自信的同时，也一再强调文化自信问题。文化自信是文化发展建设的首要任务，也自然是包括设计师与设计学者所有文化学者作为当代中国人创造文化新辉煌所必需的信念和信心、底气和骨气。

5.3.1.3 设计的工具属性

在100多年现代设计发展的历史长河中，设计越来越重要，这既是一个文化现象，也是一个经济现象。因此设计在国家经济发展、文化发展中的价值，也是设计学理论的重点研究内容之一。设计是一个与社会、经济发展、文化发展、消费、时尚等产生密切关系的词汇，创意设计是"中国制造"转型发展至"中国创造"的一剂良药。法兰克福学派提出"工具理性"的概念，这是批判理论中的一个重要概念，直接源自"合理性"（rationality），这里的合理性包括价值（合）理性和工具（合）理性。如杭间所说："工具理性是启蒙精神、科学技术和理性自身演变与发展的结果……设计借助科学技术和市场机制，对生产率的提高与经济增长起到巨大的推动作用，同时它又在大众消费和设计管理过程中，与上层建筑、经济基础互为作用，成为推动社会发展的最具有显示度的因素。"

这里并不是赞扬"设计至上"论，也不是批判设计作为工具理性的霸权，而是强调设计自身的所具有的工具属性，这种工具可以反观经济的发展和文化的发展，成为设计产业研究的方法。根据经济、文化的发展逻辑与模式变化，设计的属性与功能也在不断调整，随之需要做出改变的还有设计研究与设计教育，参考相应文献❶，并制表5-3。

---

❶ 此处的参考文献主要指蔡军于2007年12月发表于《装饰》的论文《设计教育发展与产业历史关系的思考》。

表 5-3　经济与文化发展模式变化下的设计、设计研究与设计教育

经济发展模式	产品经济	商品经济	服务经济	体验经济
文化发展模式	发明创造为主的智力文化	消费为核心的物质文化	创造差异的民族文化	尊重个体差异的跨文化
设计的属性与功能	为工业化而设计	为市场化而设计	为竞争而设计	为用户而设计
设计研究与设计教育目标	解决产品设计与生产制造的关系问题，大工业化要求的设计人才的培养，为产品改良服务	对消费者市场需求的调研能力，系统的设计流程和产品计划，为实现更高质量品质的设计服务	企业品牌与市场策略，设计管理，市场营销，消费行为学，企业形象	消费者行为及用户研究，社会需求与趋势，综合交叉学科资源团队，研究能力，沟通能力培养，国际视野，社会责任，可持续设计，交互设计，通用设计，包容性设计

5.3.2　设计产业视野下的工匠精神

向勇在文章《发展文化产业学论纲》中说："马克思把物质生产和文化生产统一起来，认为物质生产创造经济财富，文化生产创造精神财富。设计产业作为一种社会生产方式，在创造精神财富的同时，也在创造经济财富。因此，设计产业具有天然的双重属性——经济属性和文化艺术属性，向社会贡献双重效益——经济效益和社会效益。"

在此时，响应号召重提"工匠精神"，对设计产业而言，其价值主要体现在两个方面：第一，解决供给侧的生产制造问题，助力低端制造从泥淖中走出，加强技术创新，"增品种、提品质、创品牌"，提升中国制造业的整体水平与形象；第二，在传统文化中挖掘工匠精神的现实意义与当代价值，这既是（设计）文化自信的必经之路，也是实现文化强国复兴之梦的必备条件。

由前文可知，无论是在古代还是现代，在西方还是东方，工匠都是一种谋生手段，一类职业。当前学术界对于工匠精神的界定主要是基于传统工匠所具备精

神内核的抽象，并在工业化经济背景下进行延伸。需要说明的是，本文中的工匠精神有两个范围、两个层次，就范围上分为：狭义（特指）在设计制造领域中工匠们在设计制造时精益求精的工作态度和精神追求，广义（泛指）各行业人群的职业操守与敬业精神。就层次上分为：工匠精神是面向（微观）设计师个体的一种职业精神与品质，和面向（中观）产业组织的一种群体性精神特征，是以企业为主的产业组织是一种总体文化特征的表达，也是一种服务意识。在任一经济体中具有工匠精神的个体始终存在，但总体的经济形态却完全有可能呈现出与工匠精神所背离的状态。因此，有必要将工匠精神两个范围和两个层次上进行简要探讨，进而对国家宏观政策中的"工匠精神"进行回应。

5.3.3 狭义和广义的"工匠精神"解读

狭义上的"工匠精神"，特指在设计制造领域中工匠们在设计制造时精益求精的工作态度和精神追求，具有直接性与针对性。回顾李克强总理所言："培育精益求精的工匠精神。"此处总理所提及的"工匠精神"就是专门面向生产制造企业的。广义上的"工匠精神"，泛指各行业人群的职业操守与敬业精神。在日本文化中就存在广义上的"工匠精神"，日本社会中的"泛匠人文化"出现在日本的各行各业，也是日本民族精神财富的重要组成部分。这是由于在舆论的引导下日本社会从古至今普遍对匠人敬重有加，一般民众更是模仿匠人并以匠人为榜样希望成为那样的人。

5.3.4 微观与中观层面的"工匠精神"解读

文化研究的视域来看，"国家"更多地以"身份"的维度反映在设计物上，尤其体现在国家形象、集体记忆以及政治复兴这三个方面，设计作为普遍存在的人造物（artifact）的手段与结果，与民族文化、国家身份有着密切的关系。李砚祖说："国家身份与设计之关系的显在表征还在于，人们总是习惯于根据产地对其产品设计的属性与性能进行划分，并将设计的风格与所属地的民族性格联系起来。"

5.3.4.1 面向设计师个体的工匠精神是一种职业精神

在古希腊神话中，工匠的始祖是赫菲斯托斯（Hephaistos/Hephaestus），是火神、砌石之神、雕刻艺术之神与手艺异常高超的铁匠之神。他能建筑神殿，制作各种武器和金属用品，技艺高超，性格忧郁、孤独，喜爱观察，聚焦于事物。前文对工匠的词源分析，可知工匠与劳动、劳动技能的渊源。工匠精神的形成过程，是人们对工匠劳动观念认知不断解放、工匠劳动价值评价不断提高以及工匠传统影响不断外化的历史渐进过程。马克思主义认识论秉承与时俱进、开拓创新的态度，在实践中认识和发展真理，在实践中检验和发展真理。设计是一种创造性的活动，构建有品质的生活，涉及日常生活的各个方面（物质生活、精神文化生活以及无形有形的行为方式等）对设计师的影响。从实际出发，重视精神对物质的能动作用，设计师的思想意识通过设计作品传递给用户。所以设计师要有所担当，对作品负责就是对客户负责、对用户负责，对社会负责。日本匠人并不仅仅是在制作工具或是物品，更是将其作为一种信仰，视设计制作的过程是赋予物以灵魂的过程。科学家的研究成果能够带来"工业革命"的力量，而艺术家的研究成果在文化里程中总是起着缓慢的间接推动作用。设计师则介于两者之间，在某种程度上起到一定直接或间接的推动作用。那么推动社会的健康发展及其良性循环是设计师的职责之一。在某个时代下设计师应该从哪些方面肩负起设计的使命呢？从事工业设计的设计师驾驭并调节着产品与社会的复杂关系，这包括技术的、市场的、生活的、美学的等，这种关系随着社会的发展越来越复杂，使得工业设计师的作用越来越重要，并在劳动结构中占越来越大的比重。设计师可以更理性地思考设计与经济、文化、社会的关系，使创造出来的产品更能引起使用者情感、心理等方面的共鸣，满足人们动态的物质生活需要及精神生活需要。

5.3.4.2 面向企业的工匠精神是一种企业文化

企业是文化创新的主体，企业的发展受历史、民族等文化的影响，慢慢在经济环境中形成自己的文化特色，就是所谓的企业文化，所有的企业，或称为组织，都有自己的文化，它们不仅仅是个经济的分支。企业人类学中的企业既有其经营盈利性的一面，也有其承担社会责任的一面。企业的发展过程中，核心技术固然重要,但是随着竞争的加剧,越来越多的企业重视文化的建设,而"工匠精神"则是近年来企业文化建设的重点,以老字号企业为例,他们视为店规、祖训的内容在现代企业管理中均可以称之为企业文化建设,也就是老字号的精神,在这种精神中"工匠精神"可以视为人力资源管理的范畴,这里的人力资源管理不仅仅包含通俗意义上薪资管理,同时也包含富有"工匠精神"的技能培训,这种技能培训是富含企业文化和经营理念的,一般表现为精益求精精神、持之以恒的专注精神和持续的创新精神三个方面。受此启发,当地中国企业建设中需强调"工匠精神",是内化人的本质力量,其"动力来自利益主体的内在动因,离不开社会化的主力推动,需借助人文环境的群体意识"。以"德"为标准,以制度促使设计师养成工匠习惯,通过企业文化的融合、利益的驱动以及社会的引导升华为工匠精神。由此可见,政策制度保障、养成习惯,最后形成工匠精神是企业乃至社会塑造"工匠精神"的必经之路,也是设计师、设计企业、设计组织发展的必经之路,更是中国创造发展的必经之路。

设计产业组织在正确认识"工匠精神"之前,需要对设计在国家产业创新系统中的价值做出正确判断,避免盲目乐观和自悯悲观的极端态度。正确认识设计在驱动产品创新、驱动产业创新中的作用,为国家创新是每一个设计人应该思考的历史使命和勇于承担的责任。随着我国门户的开放,只有大力发展设计业,开发新产品好产品,才能从一个"制造大国"转变成一个"制造强国"乃至"设计强国"。在产品-商品-用品-废品的转化中,产品连接着设计师与消费者、用户,产品的设计进程中有着无法量化的社会价值。

5.4 从第二次世界大战后德国设计的崛起看"工匠精神"

在众多"工匠精神"研究文献中,被当作研究对象探讨最多的其他国家是德国与日本,德日制造业都是以高品质享誉国际,物质资源匮乏、第二次世界大战的战败国依靠制造业实现经济腾飞，其成功的秘诀就在于工匠精神。然而两者不同的是日本的工匠精神通过对工匠的职业崇拜，深深烙印在了民族文化中；而德国是依赖"设计救国"的集体意识和"社会教育人人有责"的民族意识，谱写了不一样的现代"工匠精神"。德国制造的崛起离不开设计的支持，其在20世纪所面临的问题多少与当今的中国类似，回顾和反思德国设计制作所面临和解决的矛盾，对正处于转型关键时期的中国制造而言裨益良多。

德国制造曾经被欧洲其他国家评价为"价格低廉、外观粗笨、质量低劣"。第二次世界大战后的德国设计以创造国家的身份与视觉形象为主要责任，从改变大众的日常生活及其体验着手，重塑理性、文明、现代的国家身份与民族认同。在战后的半个世纪里，"德国制造"成为高品质和畅销的代名词，德国也跻身世界最强的经济体之一。

5.4.1 第二次世界大战前德国设计的发展概述

设计蕴含着民族精神以及民族特征，每个国家的设计发展均结合自身的实际情况遵循着某种特定的规律。德国制造的崛起，设计发挥着重要的作用。德国发展成为世界顶尖的制造业强国，其中包含了深刻的社会、文化、哲学等内在的原因。

纵观德国设计发展的历程，从德意志制造联盟到包豪斯，再到乌尔姆学院，从建立促进工业与艺术结合的理想开始，到强调人与设计的关系，再到倡议优良设计，其设计发展的轨迹是非常清晰的，以理性主义为指导，以社会以及民众需要为目的，尊重经济发展规律的同时强调设计的伦理性。这种有清晰脉络的工业设计发展思想强劲地刺激了其制造业的发展，不盲从，不是为了设计而设计，而是以最为理性的方式寻求人与人、人与物、人与环境、物与环境之间的平衡点，从而形成了完整的设计思想体系。

5.4.1.1 德意志制造联盟❶

1886年德国以及其他40多个国家参加了美国费城世界博览会，德国价廉物不美的参展产品受到了冷落，博览会评委会给予德国展品的评价是"价格便宜而质量低劣"。1907年，在赫尔曼·穆特修斯（Herman Muthesius）的倡导下，德国制造联盟（Deutscher Werkbund）成立，这个联盟是由一些富有进取心的设计师和制造商共同组成，联盟的宗旨是："选择各行业，包括艺术、工业、工艺品等方面的代表，联合所有力量向工业行业的高质量目标迈进，为那些能够而且愿意为高质量进行工作的人们形成一个团结中心。"从这句话可以看出，整个联盟以质量为核心，使设计与质量与工业发生直接的关系，强调设计的作用。

从工业设计发展史来看，德意志制造联盟具有里程碑式的意义，其成立于发展也标志着设计的新时代的到来，更是对德国设计产业、制造业带来了翻天覆地的变化。

① 德国制造联盟自成立之日起，就把设计生产高质量产品作为德国经济发展和文化重建的重要因素。强调质量是"民族良心"的目标成为设计师以及制造商的共同目标，强调文化建设以及崇尚劳动和和谐的生活，从此，注重产品质量不仅是一个技术概念，也成为德国文化中的一个价值观念，形成了德国特有的工业文化。

② 德国制造联盟将艺术与文化、设计与文化、设计与商业联系起来，通过设计促进商业的反转，协调手工艺与工业化的矛盾，要求手工艺者、小作坊主、制造商等共同关注优秀的、引领性的产品设计，并在遵循大工业生产的规范化、批量化原则，利用机械技术开发满足需要的设计品，不仅使工业设计在理论和实践上取得了真正突破，并且为具有民主主义色彩的现代主义设计奠定了坚实的基础。

5.4.1.2 包豪斯的成立

1910年，德国成为世界第二大贸易国，确立了在工业资本主义世界的领先地

---

❶ 成立于1907年，由艺术家、建筑师、设计师与实业家共同组成的是致力于推动德国经济发展与文化改革的先锋组织。它的出现为20世纪20年代德国工业设计的现代化发展奠定了重要基础。

位。1914年第一次世界大战爆发，然而这次战争却以德国的失败而告终。第一次世界大战后，强烈的爱国热情和民族意识促使有志于恢复德国往日繁华的设计师们意识到使用艺术、根植于人民中的、密切联系生活的、能够促进社会发展并改善民众生活的某种艺术，能够拯救国家、振兴民族。

1916年魏玛政府审视接受了格罗皮乌斯的建议，成立了魏玛国立包豪斯高等艺术学校。学校成立之初的目的是通过艺术促进德国工业的发展。包豪斯成立之初即发表了《包豪斯宣言》，宣言表明通过艺术为社会服务。包豪斯的成立具有深远的影响，包豪斯强调设计为人服务，破除了"纯粹艺术"与"实用美术"截然分割的陈旧界限，并强调站在社会发展的角度去思考设计及制造。这些都为日后德国设计的发展以及德国制造业的发展厘清了方向。

5.4.2 第二次世界大战后的德国设计

1945年，第二次世界大战结束，德国又以战败而告终。战争的浩劫，使德国工业总生产能力的50%以上都被摧毁，国民生产总值下降到1938年的40%的水平，物质生活极端贫困，战后的德国满目疮痍，社会物理空间与民众精神空间双重坍塌；德国人民面对部分国土被占领的现实，普遍存在着悔过和自新的心理，他们从纳粹罪行中进行自我反省，从精神上寻找克服贫困和民族孤独感的力量，急于摆脱纳粹政权所带来的负面影响；重新塑造出理性、文明、现代的国家身份与民族认同，重新塑造出理性、文明、现代的国家身份与民族认同。

第二次世界大战后，客观的社会及经济发展导致了德国工业设计出现了只重视功能的纯粹功能主义倾向。然而，长于思辨和务实的德意志人同样有着怀旧的情结，他们从未忘记自己优良的设计传统，怀着一股强烈的社会责任感和发扬德国制造联盟和包豪斯设计协会的美好愿望，于1953年相继成立了乌尔姆高等造型学校和德国设计协会（German Design Council），50年代末工业设计开始走上正轨。可以说，第二次世界大战后德国工业设计的发展是从纯粹功能主义回归理性主义的过程，为现代主义设计的发展及普及积蓄了力量。

5.4.2.1 设计组织在德国战后重建中作用

1951年，通过联邦议院决议，德国设计委员会（Rat für Formgebung）成立。1952年新技术形态研究院（Institut fuer neue Technische Form）在达姆施塔特成立，1953年，乌尔姆设计学院（Hochschule für Gestaltung Ulm）成立，1954年工业造型协会（Industrieforme.V.）在埃森成立。创见性地提出设计的作用以及设计师在社会中的角色及定位，强调设计应该从民众生活入手，从改造生活的空间环境以及日常使用的各种设备、工具与用品开始，重塑理性、文明、现代的国家身份与民族认同成为设计界的普遍共识。工业设计在战后时期全面代表德国国家的文化身份。以日常化的设计创新来切实提升人们的生活品质，从而重塑崭新的、积极的民族认同感。日常生活、设计、民族感、国家、身份等概念形成了互相促进和依存的联动要素。对外在宏观层面塑造国家身份。以乌尔姆设计学院为主要代表的设计群体主张社会性优先原则。强调设计的个体责任，设计的目的不再仅是获得经济利益的手段，而将大众消费品看成代表国家文化水平的标准，强调设计师对于视觉文化的大部分负有最后的责任。对内在微观层面塑造民族身份文化认同。充分体现了"为大众生活而服务"的民主精神，将科学、技术、人文进行整合融入设计中，提出了设计即服务的理念。

5.4.2.2 个体职业设计师在德国战后重建中作用

第二次世界大战后设计师为国家服务，以设计创造国家的视觉形象与身份，以设计重塑社会风貌、从而建立新的、坚强的德国国家形象。不仅得到来自政府的单方面努力，同时也得到了众多德国文化组织和设计企业的大力支持。德国现代主义建筑师奥托·巴特宁认为："正如我们通过投票委托我们的政治代表和政府来塑造国家的精神形式一样，我们作为创造者也是这个世界视觉形式的管理者；正如我们期望你们作为当选代表能够创造出一种简洁、诚实有效的国家形式一样，你们也必须信任我们也可以为国家创造出相应的视觉形态。"这里，巴特宁明确地指明了设计师与政治家在角色上的相似之处——为国家服务，不同的是前者负责创建国家的政体制度，后者则是创造国家的视觉形象与身份。

5.4.3　第二次世界大战后德国设计崛起的影响因素

第二次世界大战后德国工业设计发展史就是一部理性功能主义的兴衰史。德国的工匠精神是一种固有的理性、务实的民族气质和高度的社会责任感，赋予了理性功能主义强大的生命力。当时的德国物质匮乏、百废待兴，工业大规模扩张，基础设施几乎全部重建。对于急于重塑社会向心力的德国统治阶级而言，设计被包装为社会主义现代性和未来繁盛之都的符号。战后德国，现代设计的迅速传播被描绘为"断裂与重生的文化明证"。

设计的政治性：设计被当权者作为"承诺给民众的民主的、现代化未来"；政治与设计的合作，为德国工业设计披上了"伦理"与"美学"共同编织的外套。设计不仅要为经济复苏服务，同时也在民族崛起中担当重要的角色，这种双向性在第二次世界大战后一直存在设计的发展之中。

"设计生产力"重塑战后新形象，设计更有助于培育、启蒙更加理性与文明的战后公民。在美国的帮助下，德国的经济实现了战后奇迹——1950～1964年，工业产出增长6倍。战后的物质短缺使得设计所倡导的新功能主义（neofunctionalism）对于"简单、务实、持久"等价值推崇备至，理性的、功能主义的产品大行其道。

文化因素主要包含两个方面的内容：一是"简洁""务实""高效"这一朴素的传统物质文化态度（功能主义）。二是重塑"务实与自律"的国家身份，并采用诚实的设计策略。

战争使得各个国家加大科研投入，产生众多科研成果，战后向民用转化，新材料、新工艺不断涌现，为设计人员提供了取之不尽的设计素材宝库。除此之外，还有来自社会组织及民众方面的因素：战后德国尽力去放大并柔和地呈现和平生活的温存魅力，从建筑、广告、日用品、园艺雕塑等各个视角去重新实践并放大地诠释新生活的美好图像，同时以此告别残忍刻板的旧德国民族主义，从而迈向全新国家形象建构的新征程；民众主动参与设计改变国家形象的全过程，接收、认可并主动传播德国工业设计所蕴含的务实及自律的精神。以乌尔姆设计学院为代表的设计协会和组织合力以设计提升国家形象，定义德国"好设计"的标准：理性、务实、自律、质量、功能主义；从而使得理性主义好匠人的精神深入人心。

5.4.4 对中国设计产业发展的启示

从设计政治性的角度来看，德国制造在20世纪所面临的问题与当今的中国类似，第二次世界大战以后德国设计的崛起对中国设计发展有着很好的启示作用。经过半个多世纪的发展，我国基本上解决了新中国成立以来所面临的最为紧迫的"挨打"和"挨饿"这两个问题。目前我国开始着手解决提升国家形象的问题。"中国制造"发展过程中存在着众多问题，如技术含量低、原创少等。在"中国制造"向"中国创造"转型的过程中，设计要发挥重要的参与作用，可以从德国设计的发展中获得一定的启发：理清核心价值理念、挖掘和发挥民间组织的作用、提升民众认同。

① 形成设计行业共识，理清设计的发展理念和应承担的社会责任，理清设计行业的核心价值观念，并以此成为设计行业发展的公约及约束设计师个人发展的准则。

② 挖掘和发挥民间组织的作用。"德意志制造联盟""包豪斯""乌尔姆"等高校及社会团体对德国设计发展做出了巨大贡献，可以说没有这些民间组织就没有今天的德国制造。我国设计产业的发展应挖掘和发挥组织机构的作用。深入挖掘全国工业设计协会、各省工业设计协会的作用，积极发挥各高校的人才资源及理论优势。

③ 获得民众认同。我国设计产业的发展尚处于初级阶段，多数民众并不认同中国设计，有条件的国民在选择产品时多选国外品牌。在此情况下，我们要主动出击，宣传民族产业、宣传中国设计，提升民众对中国设计的认同。

作为一种文化现象，设计既是艺术与科技结合的产物，同属于广义的文化范畴。设计是具体的、历史的，而非抽象的，是为人类生存而进行的一种造物活动，且具有审美属性和精神价值，在本质上承担着文化和经济生活融合的历史使命。个人职业精神、企业文化、社会服务意识是国家造物文化的重要组成部分。

设计是造物，更是择器。如果说设计艺术的本质是"创新"，是与社会发展、物质和精神文明建设联系极为紧密并能够符合时代特征和多种需求的前瞻性、创新性设计。那么在其创作和运筹的过程中，文化、经济、时代精神、审美风尚、价值取向以及媒体技术等一系列客观条件的特点，既是设计中必须考虑的各种因素，也是点燃创作灵感火花的有利条件，关键看设计者是否具备一种独具"匠心"的设计思想和鲜明的设计特色以及独特的设计表达。而从"制造"到"智造"的转变，就是"匠心独运"随时代发展而创新，所蕴含的设计智慧、审美哲理和造物思想的彰显，以及对"工匠精神"所具有的精益求精、精雕细琢、尽善尽美职业操守的弘扬。近些年来，各行各业"工匠精神"迷失，在利益的驱使下"短、平、快"的快餐文化现象与产品理念比比皆是。现在中国政府从国家战略的高度把创新设计作为实现创新驱动发展的一个重要举措，提振"工匠精神"、打造艺术精品、建立文化自信，尚需从事设计艺术工作者自身的精神觉醒和责任担当。将东西方文化融会贯通，把"工匠精神"融入艺术创作中，深化"造物智慧"，实现创新设计的卓越价值。

由于设计的创新性与实践性，大力提倡创新创业的今日中国，最适合设计者们肆意挥洒才华，尤其是创业型设计师们。设计师是工匠、艺术家、发明家的结合，赋予制造商及他们的物品不可抗拒的魅力，他们处于物质文化的心脏，他们的工作表现出形形色色的文化成就和人文追求。"设计师是时尚设计者，又是建立价值观的经纪人；一方面是制造商、工程师、应用科学家之间的中间人，另一方面是他们与顾客之间的中间人。"创业型设计师们尤其需要兼备工匠精神（craftsmanship）和企业家精神（entrepreneurship）。

① 适应时代发展、满足产业需求的设计。设计产业与艺术文化、科学技术、商业经济都有天然的联系。自工业革命到信息技术革命带来的传统产业发展、转型与新产业的兴起，政府、企业、高校等不仅反思过去的发展模式，还从全方位、多层次的框架建构设计产业。

② 开放协作，产生多维创新的设计。在设计产业内部，建立开放协作意识，拓展合作方式，产生多维创新的设计。爱因斯坦曾这样说过："组合行动似乎是生产力思想的本质特征。"如企业的合作不再受限于策划过程和被规范在纵向的供应

链上，开展跨领域的合作，甚至跨不同的产业类别，进而得到完全不同的市场合作创新方式。

③ 有责任的设计。从约翰·拉斯金开始，设计理论家、教育家就不断强调为大众而设计，因此设计的现代性带有天然的、与生俱来的民主性。设计的民主性意味着设计的社会责任。而这份责任或大或小。这种民主主义的艺术精神在整个20世纪，伴随着社会主义思想的发展，一直影响着先锋设计运动。负有盛名的"现代主义集大成者"包豪斯，受创始人瓦尔特·格罗皮乌斯的影响，将德国制造联盟时期形成的"设计强国"之梦联系在一起。从设计师为自己作品的实用性、可靠性负责，不以追求短暂的商业成功为目标等小责任，上升为兴邦强国的大责任。目前我国大力提倡的"工匠精神"也是一种对职业社会责任的关注，与"制造兴邦，设计强国"的国家发展战略也是一脉相承的。

第**6**章

设计师的产业价值

郭梅君在《创意产业发展与中国经济转型的互动研究》中提道："美国企业平均工业设计每投入1美元，销售收入为1500美元；在年销售额达到10亿美元以上的大企业中，工业设计每投入1美元，销售收入甚至高达4000美元。日本日立公司每增加1000亿日元的销售收入，工业设计起作用所占的比例为51%。"

在此次调研中，尽管所有的设计师均肯定了设计的价值、设计作品在产品及商业中的价值，但是大多数设计师，无论是工作于初创型设计公司还是设计驱动型产品公司，均无法明确给出类似美国工业设计协会中的这个输入产出比。一方面认为产品所创造的商业价值是由所有工种共同完成，设计是其中的一环无法独立出来单独核算其所创造的商业价值；另一方面随着社会、大众对设计认知的不断加深，设计在各行各业会越来越深地介入，设计的产业价值也会不断地体现出来。独立设计师刘知礼在谈到这个问题的时候描述在"不同的行业、不同的领域"设计的价值有一定的区别，在以设计为驱动型的生活方式类行业中设计产生的直接商业价值及衍生的附加价值要高于"1：1500"的输入产出比；创业型设计师赵璧用自己的实际项目量化了设计驱动型产品创新的价值，在某箱包品牌的年度销售额对比中，在企业其他人员、岗位配置不变的情况下，强化"设计"并制订设计驱动产品创新战略后的第二年企业"营业额翻5倍"，在第三、第四年设计的效益持续放大。当然赵璧也强调此箱包企业转型意愿强烈、设计的发挥空间较大，以致做到后期整个企业的研发、生产以及品牌运营均由设计师来决定，也说到"这是个例，并不一定具有共性"。

众所周知，设计是交叉学科，设计的价值如何衡量？对于一个职业设计师而言，如何衡量在企业所从事的工作，为企业的经济营收贡献了多少？对于国家产业系统而言，设计是一项服务业，服务于农业、服务于工业、服务于服务业，设计作为产业之一，价值与贡献如何衡量？可能有人要说这是经济学家要研究的问题，或者这是国家领导、企业管理者要考虑的问题。然而这些必须是设计从业者自己要考虑的问题。多数经济学家不会关注设计对经济的贡献，甚至连经济发展中设计能够提供的动力是什么也没有人研究。为什么在经济学理论中几乎没有人把设计作为价值贡献的重要因素呢？经济学作用于三个层面，个人、市场与整个经济。传统经济学的兴趣点是市场而非个人或商业。新古典理论中的基本概念解释了供求如何在市场中得到调和。稀缺性是市场的基础。稀缺商品被分配给想要商品的消费者。此外，随着产量的增加，货物价格也会下降。在"内在价值与外在价值"下，很难确定设计的内在价值，因此，对于不懂设计的经济学专家，是不会对设计的经济价值感兴趣的，最终就是很有可能强调设计的人性和社会价值。但这样的认识只会看到品牌的经济价值，而非真正的设计的经济价值。

约翰·赫斯科特是较早研究设计的经济价值的学者，哥本哈根交互设计研究所称其为"一位对设计充满激情的经济学家"。在设计的经济价值研究中，赫斯科特认同并接受了熊彼特强调的"创新"及其在经济发展中的作用，采用熊彼特结合现代技术史为阶段性变革思想提供佐证，形成历史中的变革与经济的关系，对新增长理论模型进行了扩展，以反映出设计在其中的经济价值。设计和管理界有关创新的很多论述都聚焦在激进型创新上。激进型创新常常被定性为颠覆性的，或能力摧毁性的，或者是一项突破。成功的激进型创新非常有限。合理的需求与适度的欲求。通过创造价值实现市场扩张"创造性破坏"与设计，他们被主流的经济学方法所鄙夷，无法真正参与到经济变革当中。设计创造的价值因为无法被估量形成了制度上的障碍，导致设计无法成为现代商业化、工程化的企业战略。赫斯科特通过将产品定向到用户而不是公司内部的汇报指标，桥接并综合了这些差距。在强调设计的经济价值的同时，赫斯科特也强调设计的设计责任，"生产者和分配者可能开始意识到生活中存在着两项同等职责：一是对他们的私营企业、家庭、收入；另一个是人的社会责任"。

设计的价值与价值的创造，其意义深刻而丰富。设计师"需要了解通过设计增值意味着什么，它意味着：通过审美和经济维度的表达从而具有真正价值的内容"。设计师要擅长用经济语言来解释其设计及其延伸，还需要很大的努力与信心不断地进行设计实践。设计实践能够寻找和确定不断变化的设计价值观，而设计价值观为设计实践提供一个参考的标准。赫斯科特认为借助现成的经济学的力量，可以用经济学术语重建经济学对设计的估量，或通过其他行业者认识到设计的价值。在探索性的观念设计中，设计活动本身就是一种批评、选择、改进的方式，设计师重新思考生产生活中的方式，发现问题，并通过设计作品解决问题，实现设计思想的表达。在日常的商业设计中，设计师也需要对设计任务书（设计投标中的设计说明书）进行解读，对客户的要求进行阐释和理解，甚至对现有同类产品做解读和点评来获得同行和客户的认可。

设计经济学"designomics"是一个新的术语，源于"设计"和"经济学"这两个词。特定设计的价值取决于这种影响中的经济理论。设计因不同领域和学科而异，它包括行动、流程、概念、提案或计划，设计过程的结果也称为设计。设计过程是通过"主题、构思和概念"的完美结合而产生的。因此，主题、构思和概念的联系在设计过程中起着最重要的作用，这反过来又会产生有形的设计物。将这三个值完全联系起来的连接是约束参数，取决于客户、信息或市场的需求。人们已经认识到设计的经济影响及其为其他行业带来的价值。通常，设计师在设计公司的范围内工作。但经济价值来自其他行业的内部和自由职业设计师。设计是从教育到制造可再生能源等行业的创新和竞争力的源泉，设计师能够在商业领域贡献自己的价值。

由于设计可以作为对经济理论的检验，因此，以"价值"作为设计学与经济学的中介物（mediation），能够形成"一种整体的设计研究所必要的方法论途径"，增强和启发对设计和经济学的整体理解。在生产产品的过程中不断吸收各类反馈信息，重新调整与定位，形成具有颠覆性的创新产品，使这种产品在材质工艺上和形态上都富有独创性，造价也非常低。创新已经成为这个时代鲜明的主题。好的设计具有明显的创新性，在提高用户的接受概率的同时可以降低成本、提高产品附加值，并且通过促进产品的不断成长，企业也将获得更高的战略价值。

2014年美国《连线》杂志描述设计公司因为商业模式即将消逝。设计由有形物体转向无形的市场供应物，产品的技术面（确定使用价值）、为用户创造的价值成为其他附加因素的变量，"产品-服务"形成综合方案。"服务"纳入设计的范畴以后，设计师的设计作品呈现有形和无形两种形体，设计师必须以客户为中心，确保产品和设计的最高质量。"产品-服务"的综合方案成为设计和产品开发实践的指标，设计师专注于将"有用"与经济学的价值联系起来，并把重点放在"交易"上，开发出一种真正的设计方法来提升商业价值链。赫斯科特曾经说过："我非常希望设计将在董事会桌上赢得一个很好的席位，不再是商界的'灰姑娘'，而是通向新的市场创造的桥梁，通过新的市场新的增长和发展，可以使西方经济再生、发展。"

美国标准研究院最新研究成果表明，制造体系包括三个维度：产品维度、生产维度和商业维度。"设计"在每个维度中都扮演着关键角色。产品、生产与商业三个维度共同组成了智能制造的生态系统，表达出管理层的思维决策过程，即设计产生价值的过程。设计师尽量在各种设计对象（客体）中刻印下自己的主体性，最主要的方法是使用创意及形式设计。消费主义的世界中，设计师占据统治地位，而且统治的领域比过去都要宽广，横跨多个不同的行业，贯穿多个不同的设计群体。设计师的主体性通过产品在日常生活中的应用，传递给消费者，在消费者的消费与用户的使用中，再次生成二次主体性。一个近乎完美的"生产-消费"循环体，在设计的作用下产生。

当下，中国设计的发展正面临着机遇与挑战并存的局面，对于中国来说，"设计"在专业领域里还未广泛认知，在设计实践领域中，依然在积极地打造消费社会，但设计本身的价值与设计能够创造的价值并没有被认真对待。中国的设计政策可以说是世界上政策环境最好的地方。对于我国设计师而言，"实践立场的设计与价值"包含了文化上最深刻的、商业上最有利可图的表达。主题、构思和概念形成的设计物，"产品-服务"综合方案有助于设计融于其他产业提高经济竞争力。设计师通过这种综合性的设计作品在经济上做出贡献，并将他们的设计思维融入商业思维中。通过众多一线设计师的访谈，可以发现，作为设计活动的核心和主体、也是设计产业中最活跃的一环——设计师在产业中的价值，一方面取决于设计作品的在各产业中体现的价值，另一方面来自设计活动中的协同价值，也就是设计师工作的成果与过程直接影响着设计产业的活力。因此个体设计师与群体设计师的职业状况与价值认同，在某种程度上反映着设计产业的发展状况，是设计产业竞争力的重要指标之一。

6.1 产品创新的两翼：科学技术与工业设计

创新是一个民族进步的灵魂，是国家兴旺发达的不竭动力，"惟创新者进，惟创新者强，惟创新者胜"。创新是以新思维、新发明和新描述为特征的一种概念化的过程。产品创新是一系列复杂的相互衔接的知识创新过程，是实现产业化、调整经济结构、转变增长方式、提高国家竞争力的中心环节。一般来说，产品创新包括创新想法、概念原型、研发产品、组织创新四个阶段，其过程始终贯穿着科学技术和工业设计的应用。

6.1.1 科学技术

科学技术活动是人类认识自然、改造自然或重塑人工自然重要的基本活动。"科学"（science）在《新牛津英语词典》中定义为"知道的状态或事实；知识或对具体或模糊事物的认识"，是"一个建立在可检验的解释和对客观事物的形式、组织等进行预测的有序的知识的系统"。技术[技能（technique）、工艺（art）、手工（crafts）、技艺（tech）、技术（technology）等]是人类文化世界的一个客观符号或者语言中的一个构成性要素，"是知识、方法、技能、工具的总和，是科学知识的运用"。

在人类历史的发展中，科学与技术有着不一样的起源及内涵，存在着复杂的相互作用关系。但是在现代社会并不能明确地将两个词语进行区分，而是将"科学"与"技术"并列使用，简称为"科技"。"科技"一词的简用说明了现代社会生活和理论研究中科学与技术其关系是密不可分的，两者紧密联系、相互转化、相生相伴。

在产业学视野中，科学创新不一定能够产生实际的经济效益，更多地是指知识的增长及突破，具有潜在的经济价值；而"技术创新大多是指能够产生一定的经济效益的知识应用，包括新想法和非连续性的知识活动"。产品创新是科技创新（科学创新与技术创新）的物化形态，科学技术是第一生产力，而"产品创新属于生产力发展的范畴",科学技术的创新决定了产品创新的程度,具有重大影响和基础作用的产品创新无不由科技创新所发起,可见科技创新在产品创新中处于基础以及支撑地位。

但是过分地强调科技创新,往往会陷入为了创新而创新的误区。科技发展史上存在着不少缺乏人文情怀的科技创新,造成了科技的极度物化、外化,以这种粗放型科技为基础的社会发展带来了大量的资源浪费以及自然生态的破坏,不仅摧残了人的生存世界,而且荒芜了人的精神家园。

6.1.2 工业设计

在我国,工业设计(industrial design)是一门新兴的学科,其定义及内涵发生过多次变化。国际工业设计协会联合会(ICSID)分别在1959年、1967年、1969年和2002年四次修订工业设计的定义。随着我国制造业的发展以及产业升级,人们对工业设计的认识越来越清晰,国家密集出台与工业设计相关的产业政策,大多数的制造企业也开始重视工业设计。工业设计属于"设计"的范畴,是制造业体系中的一个环节,工业设计是科学、技术、文化与艺术的综合,主要以产品设计为核心,解决企业及用户需求等实际问题,其对象可以是物,也可以是事,其本质是重组知识结构、产业链,以整合资源,创新产业机制,引导人类社会健康、合理、可持续生存发展的需要。

6.1.2.1 "基于本能水平"的产品创新

唐纳德·诺曼在《情感化设计》一书中将设计分:基于本能水平的设计、基于行为水平的设计和基于反思水平的设计。其中基于本能水平的设计指的是设计师通过产品的造型、色彩、材质工艺的设计给用户留下第一印象,刺激用户产生购买的欲望。基于本能水平的设计亦是早些年多数人对工业设计的印象,即产品的外观设计。当然,产品外观设计也是产品创新的一部分,主要用于产品的改良化设计,即在技术成熟的产品中寻找最受用户欢迎的色彩及造型解决方案。在工业设计产业中,产品外观设计大多是大中型企业将设计业务外包出来,由一些独立的设计事务所完成,是"中国制造"初期产品创新的主要形态。

6.1.2.2 "以人为本"的产品创新

"工业设计以满足大多数人的需要为目的。"工业设计的设计对象是"物"或者"事",最终的使用者是"人",而"人的需求是分层次的",物化的设计不仅要关注人的生理功能,更要关注人的心理功能。"以人为本"的产品创新,是以满足人的需求为出发点,始终坚持人性化的设计理念,在设计中运用"人-机-环境"系统,运用设计调查、用户调研等设计方法,处理好人与产品、人与人、人与环境、产品与环境之间关系的产品创新。这样的产品创新,往往表现为结构的改良、使用方式的创新等。在工业设计产业中,大多数企业都在寻找及思考如何进行"以人为本"的产品创新。

6.1.2.3 应用科技的产品创新

"工业设计是将科技成果转化为商品的过程。"科技成果往往是功能性的,而产品是功能、形态及物质技术条件的综合物。科技成果在转化为商品的过程中,需要准确地思考转化成什么商品、什么样的商品、如何转化为商品,以及转化成商品以后该科技成果能否被人们所接受,被什么人所接受等一系列的问题,而这些正好是工业设计能够解决的问题。工业设计师需要根据市场及用户的调研情况准确地定义产品,而且工业设计的核心是创意,能够创造性地运用科技成果设计出不一样的商品。

6.1.3 产品创新的思考:科学技术是基础,工业设计是方法

在对柔宇科技高级设计经理的访谈过程中,我们发现科技和设计在"柔性+"平台上实现了很好的融合,科技为设计提供了基础性的支撑以及创新依据,而设计创意为科技的应用提供了无限的可能性。

6.1.3.1 工业设计的方法属性

柳冠中说,工业设计是以系统论为指导思想,"以人类合理、健康的生存方

式、生存环境为目标，以高科技为保证条件来调节市场机制的异化，是一种选择、决策以及创造的行为，是知识经济社会的方法论。"工业设计是"以人为本"的产品创新，这里的以人为本不仅需要在设计时考虑用户的因素，还需要考虑"人-机-环境"系统，考虑人与自然和可持续和谐。工业设计的内涵和外延不断地延展，要求设计人员在设计前要获取"物""事"所组成的复杂系统的各个信息，综合产品的技术、服务、生产物质技术条件、空间等来进行创新，其过程就是"发现问题-解决问题"的过程，也是对创新行为进行反思的过程。

（1）基于问题求解的产品创新方法

工业设计不是艺术、不是科学，是整合创新、解决问题的能力。以工业设计为核心的问题求解过程即是以设计的方法创新问题解决的过程，设计师通过识别问题、定义和发现创新机会、解决问题以实现产品的创新，整个过程开始于问题的发现，结束于问题的解决。在面对商业产品的创新以及产品的产业化这样复杂的问题时，以工业设计为核心的问题求解就是以用户为中心的方法，这里的以用户为中心不仅是要满足用户表面的需求，而且要挖掘、刺激用户的潜在需求，以此为基础形成一套快速的、行之有效的问题解决方案，而这种解决方案是可视化的、有形的事物或可示意的模型。

柔宇科技所设计的RoyoleMoon——3D头戴式移动影院如图6-1所示。据蒋超介绍，该产品源自公司创始人刘自鸿的问题发现，即"在往返深圳和硅谷的飞机上希望独自拥有绝佳的影音体验"。在这里，"在飞机上""独自""绝佳的影音体验"均是"问题"。以工业设计为核心的问题解读，"在飞机上"是指产品的便携性、可收纳性；"独自"这里不仅指刘自鸿先生个人，将其推广是指产品需要满足用户在不影响其他人为前提下的个人需求，需要产品相对密闭，有自成闭环系统；"绝佳的影音体验"是指产品可视、可听、可感，甚至可以让用户参与到体验当中，能够给用户带来愉悦感。"工业设计的思考方式需要设计师研究遇到的问题，寻找解决问题需要的条件，然后从多种不同角度和方面产生解决方案。"识别问题后，设计人员还需要思考并回答"HOW"（即如何解决问题），以及"WHY"（为什么采取这样的解决方案）。设计人员设计了一款头戴式设备来解决这个问题，其中便携性是通过一个可折叠的设计来解决的，通过融入柔宇自身的柔性屏幕结合主动降噪耳机来解决闭环的影音系统。为了给用户提供更加优异的体验以及考虑到用户的差异化，产品提供瞳距调节功能，适合近视眼及远视眼用户的使用。整套产品经过四次迭代，不论在功能、结构、造型、技术以及用户体验上均给问题提供了一个最优解。可以发现，以工业设计为核心的问题求解的方法充满了不确定性，而不确定性同时意味着机会的发现以及最优解的可能，同时问题的求解需要是跨学科的作业，需要设计人员面向问题的创新式方法与工程技术人员解决问题的分析式方法相结合协作完成，在这个问题求解的过程中，设计人员要以更广阔的视野去把握全局，考虑并挖掘大多数用户的需求，站在用户的角度去思考，创造性地提出解决方案并反复验证。

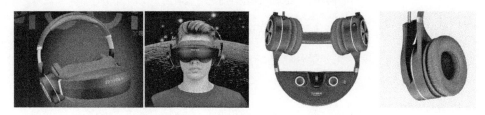

图6-1 柔宇RoyoleMoon（著者绘\资料来源于柔宇科技官网）

（2）基于"事"的产品创新方法

工业设计的以人为本，不仅是因为人是产品的使用者和创造者，同时还因为在实际的设计创造中，设计概念已经远远超越"产品"的范畴，产品的创造从分析产品与人的关系已经发展到分析人与人之间的关系，从"物"的设计演变到"事"的设计，以"事"为基础产出概念、构造和实现创意。以产品创新的视角看待"事"与"物"，"事"包含了更大的逻辑关系。"物"即产品是设计的目的、是人操作的对象；人的操作以达到某种目的、人的行为包含了某种意义、人与物之间产生了信息关联，但用户的行为被时间和空间所限定。"事"指在某一特定时空下，人与人或物之间发生的行为互动与信息交换，其结构包括以下部分："时间、空间、人、物、行为、信息、意义。"

柔宇科技的设计部门分为创意设计、用户体验设计、结构设计、UI设计等。设计师包括用户体验师、UI设计师，都是面向智能终端板块的，主要负责公司终端产品在开发及迭代中的设计创新以及"柔性+"的应用。在终端产品的设计上，公司基本遵从"用户调研-功能定义-功能创新-外观造型-结构设计-UI设计-草模-样机"的标准设计流程，设计人员不仅要充分发挥个人的设计才能，还要相互协作，同时注重用户的产品体验及技术升级，充分利用深圳这座城市产业链集中的优势，不断对产品升级迭代。终端产品设计流程如图6-2所示。

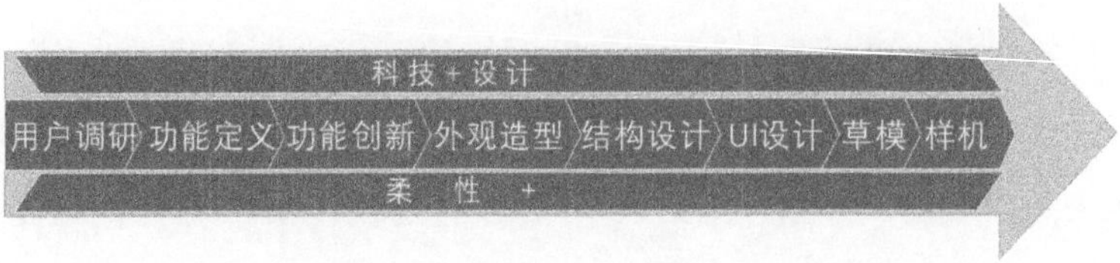

图6-2　终端产品设计流程（著者绘）

设计师们经常在跨行业地尝试柔性显示技术的应用，为不同的行业提供完善的柔性应用解决方案。比如柔性智能骑行背包——柔性显示技术在户外运动以及智能可穿戴领域的应用。设计师们研究到骑行时道路交通安全问题，尤其是光线不足的条件下，将柔性技术融入一款背包当中，通过在背带中集成柔性传感器实现控制背包背面的LED发光阵列，通过箭头符号显示向左、向右、向上等基本信息，以将骑行信息传递给道路上其他的车辆，实现骑行安全。当然，此次跨行业尝试为柔性技术应用到服装、鞋帽，成为可穿戴电子提供了无限的可能。这些跨行业的应用研究不同的人在不同的环境、时间、条件下对柔性显示技术需求的可能性，从人的使用方式、状态、过程中确立设计的目的，然后确定合适的载体进行创新，包括创新载体的原理、材料、工艺、设备、形态、色彩等。

6.1.3.2　工业设计的文化属性

"文化是人类对自然和社会环境的一种适应性系统或机制，是表达其创造性的手段"，具有三个层次：器物层、组织层和价值观念层。而工业设计也分为三个层次：功能层、形式层次和观念层，分别对应文化的三个层次。

文化是抽象的、无形的，而工业设计的输出结果是具体的、有形的，具有功能性的设计输出承载着一定的文化，设计是文化的载体。设计师在产品设计的过程中，除了定义产品的功能，还需要设计产品的形式。形式的设计能够从文化中发现并挖掘、用设计的手法加工处理，将设计加工后的文化元素融入产品设计中，能够增加产品的"文化"属性，使设计师的思想、感情和意志从文化的意义上与设计物的融合，从某种意义上说，设计本身就构成了文化的一部分。工业设计的创造要结合时代的特征，不仅设计物的创新要适应时代所提供的物质技术条件，同时设计物的审美构成也要符合时代特征，当然工业设计也创造了物质的价值审美，成为物质文明和精神文明跨越的桥梁。在造物及求是的过程中，工业设计饱含了人们创造性的智慧，融入了更多更高的"文化内涵"，有一种独特的深厚的艺术含量、文化和文化魅力，震撼和滋养人们的心灵，丰富了人们的审美情趣，提高全民族的艺术风格。

6.1.3.3 科学技术与工业设计

科学技术与工业设计构成了产品创新的两翼，科学技术为工业设计提供了创新基础，工业设计为科学技术更为广泛的、合理的应用提供了创新的方法（图6-3）。

科学技术的进步极大地丰富了人类的物质生活条件，同时也为设计提供了重要的技术支撑和创新依据，决定着产品创新的可能性和成本。工业设计本身就是在机械化大生产、标准化规模应用后提出的。现代设计的方方面面受到科学技术的影响，计算机的普及改变了设计的工具，从传统的手绘绘图到计算机辅助工业设计，提高的不仅仅是设计效率，而且从根本上改变了设计的形态；网络的普及扩大了设计的影响力，提高了大众对设计的认识，从而对设计提出了更高的要求；移动互联网的普及扩大了设计的范畴，从物质化设计到非物质设计，设计不仅仅是关注物的创意，而且更加关注"人"、关注用户的体验和"事"的逻辑性。科技的发展，尤其是一种新材料的诞生对工业设计来说往往意味着突破，现代主义建筑大量地使用金属、玻璃，以至于用这种新的材料被定义为现代主义建筑设计的典型特征，塑料的大规模应用不仅使设计更具可能性，而且价廉物美，使设计走

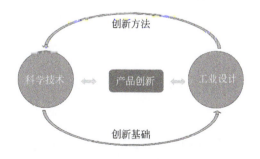

图6-3　产品创新的两翼（著者绘）

向大众家庭，因此以塑料为主的现代设计自带平等光环，有理论家评论为"设计以民为本""设计以百姓为本"等。柔宇科技的柔性技术（柔细显示屏及柔性传感器）自身带新材料的属性，在厚度仅有0.01毫米的透明介质上实现了电路集成、软件控制、色彩显示，甚至卷曲半径可达1毫米，而透明介质本身表现出可卷曲、可显示、可折叠、轻薄、不易碎等特点，这些特点正是许多工业设计师梦寐以求的，为设计人员提供了发挥想象力的空间以及实现创意的载体。

使用者的需求、科学技术、商品和服务，三者之间存在着一定的逻辑关系。使用者的需求最先出现，这种需求有可能是显性存在的，也有可能是隐性存在的，显性的需求一般较为普遍，容易被发现、被挖掘，隐性需求一般不易发现、不易察觉，更是一种非普遍存在，不论是科学技术的进步，还是商品服务的变化演进，这些过程更多地是被使用者也就是人类的需求所驱动着。"需求在先，既是时间的先，也是逻辑的先，需求决定了创造的目的、方向。"而工业设计是"集成科学技术、文化艺术、社会经济等知识要素，创造满足使用者需求的商品和服务的科学创新方法"。工业设计的方法不仅能创造性地满足使用者的显性需求，还能以科学技术为基础对需求进行创新，需求创新是对生活方式的改造，能够创造更为健康、合理的生活方式，柔宇科技的设计师们对柔性技术的跨行业应用、探索，就是以柔性技术为基础，运用独特的工业设计的方法综合创新，创造性的满足人们对生活中便携、交互以及愉悦的需求，促使人们的生活和工作各个方面发生良性的改变。同时，以工业设计为方法的产品创新也是对文化的发展，是有节制的创新，能够平衡使用者需求、科学技术、商品三者之间的关系，以免使科技极端地物化及外化而进入为了科技创新而创新的误区。

6.2 设计驱动品牌创新

我国制造产业结构升级的大环境要求制造企业不能低质量、重复抄袭现有商品，产品质量、组织生产对现有市场乃至未来市场有着完美的适应性以及预判。

设计部门是设计师的群体，在进行设计创作之前，设计师就要对用户、市场充分了解，要弄清楚设计物与社会文化之间关系，使设计作品不仅能够满足人们的功能需求，更能满足人们日益增长的物质和精神的生活需要；设计师对作品在设计及制造过程中精益求精的追求，能够助力低端制造从泥淖中走出，加强技术创新，"增品种、提品质、创品牌"，从而提升企业的整体水平与形象。

6.2.1 设计师的主要职责——产品品类创新

国家大力发展设计产业、提倡工匠精神，其动因在于我国制造业产品质量及竞争力低下，处于国际竞争的下游。产业结构的升级，就要求制造企业不能低质量重复抄袭现有商品，产品质量、组织生产对现有市场乃至未来市场有着完美的适应性以及预判。这就要求制作企业不仅关注制造环节本身，更需要思考消费者的心理特点以及消费趋势，给用户更好的消费及使用体验，创造出更加合理的、适应未来学习、生活和工作方式的新产品，甚至新的产品品类。

在本书的调研访谈中，深圳某生产投影设备的企业其设计师于2012年敏锐地捕捉到社会对智能化的产品、对互联网的需求的空前高涨，把握市场机会，创造性地将传统的投影设备与智能互联网进行关联，将传统的办公类投影类产品创造性地发展到家庭学习娱乐这个场景中，成功地把LED投影产业带进了互联网智能时代，所设计的家庭投影类产品研究了用户未来需要什么样的物品、如何使用物品，以用户需求为基础定义了新的功能，将传统的办公仪器跨界应用到多种消费者日常使用场景，通过功能细分丰富了投影产品的种类，引起消费者情感、心理等方面的共鸣，满足人们动态的物质生活需要及精神生活需要，产品一经上市就取得了成功。

6.2.2 设计师推动产品品质的提升

一位具有工匠精神的设计师在技艺上应该是炉火纯青的，他们技术纯熟、能够独当一面。日本，有经验、技术纯熟、能够独当一面的、制作东西的工匠与手工艺人等被称为"职人",如建造房屋的木匠、制造椅子和家具的人等。要成为"职人"有严格的技能要求,必须在技法上达到炉火纯青的地步。而"匠"则比"职人"更进一步,是指技法与人品都很优秀的人。一位具有工匠精神的设计师应该具备专注的精神特质,即聚焦于事、聚焦于物。西方,匠人的鼻祖是宙斯的儿子赫菲斯托斯,他是火神、砌石之神、雕刻艺术之神与手艺异常高超的铁匠之神。赫菲斯托斯喜爱独立思考、独立观察,把一件事情做到极致,聚焦于事、聚焦于物是许多艺术家、设计师的内在精神气质,专注是成为好的设计师的必要条件。一位具有工匠精神的设计师应该具有哲人的气质,即为哲匠。中国,《周礼》说:"知者创物,巧者述之守之,世谓之工。"《百工由圣人作赋》:"虽大匠之述作,皆往哲之规为。"中国历史上把作为传统工业技术主体的工匠可以分为三类:上、中、下。上为"巧匠""哲匠",他们技术娴熟,在规律中创新、在创作中思考;中为"匠人""匠师",他们具有熟练的技术能力,是专业的技术人员;下为"百工""工人",是普通的工人。

在现代社会,作为产品研发的中坚力量,工业设计师不仅需要掌握熟练的设计技能,还要熟悉了解产品的生产制造工艺流程,乃至产业链资源和市场营销;不仅要专注于产品的设计及制造环节,还需要思考及关爱人性、社会与文化。好的设计师首先应是位设计上的熟手,同时具备两方面的特质:一方面要聚焦于事,另一方面该是哲匠。

几乎所有的一线设计师均具有工匠精神,在提升产品品质方面不遗余力,这样的案例数不胜数。如设计师陈兴博所设计的某款家庭影院产品(图6-4),多处细节的用心设计提升了产品的整体品质,也完美地诠释了设计师的工匠之心。首先是自动镜头盖的设计。镜头是投影仪的重要部件,易脏、易损坏,为了有效地对镜头进行保护,设计师借鉴了单反相机中使用的自动镜头盖,创造性地在投影设备中添加了一个关怀用户使用的功能部件。其次是顶盖的设计,此款产品饱含设计师的全部心血。为了使其设计感更强,成为不仅易用、更能被用户所爱用的产品,设计师在细节上下足了功夫。其顶盖是产品中面积最大、最先被用户所观察到的部分,设计师主要通过此处的设计向用户传递产品的品质感以及设计感,换句话说,顶盖给用户留下了第一印象,即"美学印象",对用户的购买行为影响极大。在顶盖处，设计师不但设计了0.1毫米的拉丝圆形纹路以体现工艺之美，而且为了在具有纹路后的顶盖给用户呈现平整的视觉形象，经过多次验证设计了1.45毫米的斜面倾角，换句话说，从侧面观察顶盖，顶盖呈现圆弧状，圆弧的顶端相较边缘要高出1.45毫米。最后是产品的全金属机身设计。21.9毫米全铝镁合金的顶盖，即美观又实用，能够有效散热传导机身热量，金属材质网罩，细密均匀，保证了扬声器发出的声音不受阻挡，均匀发散。

图 6-4 设计师陈兴博所设计的家庭影院产品

6.2.3 以设计为核心的品牌塑造

关于品牌的研究始于20世纪50年代，最初是建立在产品之外来构建品牌的意义、主要从非产品或产品的周边来塑造品牌，注重品牌的象征性、体验性以及其功能性。20世纪90年代，对品牌知识的研究从有形、具体属性认知全面地转向了无形、抽象的非产品，品牌理论及发展重"虚"轻"实"，当时大量的品牌研究成果及案例均是基于非产品的，但是这样的品牌构建产生了一系列的问题，如品牌产品被边缘化、产品相关的品牌知识变量及其在品牌塑造中的作用被严重忽视了，甚至有研究者及厂家将非产品的构建凌驾于产品之上，造成了大量的品牌"空心化"。

品牌的各种属性并非自动存在，而是体现为消费者根据自己的动机、目标乃至所处的环境对其所赋予的意义。消费者对品牌的认知，包括对品牌产品特征的认知，是消费者在其品牌经验基础上，通过建构产生的一致性意义的结果。有学者认为"消费者的品牌概念由功能性概念、象征性概念和体验性概念构成。"产品对于品牌来说是支撑，具有基础性的地位，主要构建了品牌的功能性概念，同时象征性概念以及体验性概念也有所涉及，因此，"消费者对品牌的认知存在产品属性维度"。

对于生产企业来说，物质化的产品以及非物质化的信息均是需要设计的，重视设计能够有效地避免品牌的"空心化"。设计，通过具有视觉和触觉感知的产品及具有感知性的信息等向消费者传递企业的理念，在品牌的构建中起到重要的作用，这种作用是多层次和多维度的，在形成品牌的核心竞争力上，尤其是品牌的独特性和先进性上均有具体体现。

6.2.3.1 品牌独特性

吴波在《消费者品牌感知研究》一文中认为，品牌的独特性涉及与其他品牌产品的相互比较，是"品牌相比较后建构的独有的产品知识或传导的独有的信息，即它是其他品牌所不具有的产品相关特征。"品牌独特性在市场以及消费者心目中的建构，大多来自其不同于其他品牌的物理属性，当然也有部分来自差异化的产品属性，不同的品牌其独特性的塑造方法很多，它涉及品牌产品的使用、品牌产品制造的原料、工艺等多个方面。

工业设计的核心是创新，是以用户需求及用户体验为基础的产品及服务创新。唐纳德·诺曼《情感化设计》中将这种创新分为三种水平：基于本能水平的设计、基于行为水平的创新和基于反思水平的设计。结合生产企业的发展来看，基于本能水平的设计是针对用户视觉的，指的是造型的创新及改良；基于行为水平的设计是针对用户操作及使用行为的，指的是功能的创新及改良；基于反思水平的设计是针对信息、文化表达以及产品意义的，指的是服务或意义上的创新或改良。不论哪种水平的设计，对于企业的发展而言，创新体现在产品的原创上。而对于消费者而言具有原创精神的产品最容易在心目中留下深刻的印象，而具有原创精神的企业，被市场和消费者所认同，并可以创造极大的经济和社会利益，并可被世界各国的法律保护，最容易凸显品牌独创性，形成品牌核心竞争力。

6.2.3.2 品牌先进性

品牌的先进性不限于产品先进性（product sophistication），产品先进性指"产品表现最新技术发展的程度，是品牌属性上对品牌产品发展水平的多维度的描述，包括技术、制造、工艺、功能设计等共同建构的品牌产品知识。"

"用户可以通过对企业产品的造型、技术、制作、工艺、功能设计及宣传等来直观判断品牌先进性。"设计师是通过作品与用户进行交流，其中一个设计的重点就是通过造型、色彩、制造工艺来吸引用户、抓住用户的第一印象，为形成品牌先进性提供保障。用户对品牌先进性的判断更多地通过对品牌的新功能、功能多样化、功能的简明化感知以及功能的优异性的认知而形成的。

以设计师赵璧所设计的箱包为例，其所设计的箱包在造型、结构、功能以及系统创新四个方面不断深耕，在儿童箱包领域塑造了品牌的先进性，这是其设计取得商业成功的关键。图6-5为赵璧所设计的儿童背包。首先是造型创新。设计师摒弃传统儿童背包的前中后结构，通过对材料进行立体剪裁设计，重新塑造产品外形，赋予产品新的生命和造型语义。外观设计基于品牌特征的考量，突出亲和、立体的品牌特性。材料使用潜水棉面料，手感柔软，亲近肌肤。产品色彩选用阳光橙为主基调的明快颜色。其次是结构创新，设计师将儿童背包的形式与功能深度结合，通过创新的结构设计还原动物本真，使产品更加形象生动，在使用过程中增添乐趣。再次是功能创新，深挖顾客痛点，突出问题严重性。刺激购买防走失功能设计，形式与功能结合，鼓励父母给予孩子独立的空间，让孩子更加独立自主。以用户调研为基础，针对用户痛点，给予用户任务，引导用户在使用产品的过程中树立正确的观念。同时，代入真实场景，重新定义产品功能，收纳功能做减法，背负系统透气性做加法。最后是系统创新，通过立体剪裁设计，内部承托物减少，不同区域材料的厚度把控，整体设计的简约化等系统创新，大大减轻了包的重量，使得中等体型的包其重量仅相当于一个普通苹果的重量。

图6-5 儿童背包
通过造型、结构、功能、系统四个维度保持品牌先进性

6.3 以设计思维为主线的企业管理

建立系统的内部创新机制是形成核心竞争力的一个重要方面，对于生产制造企业来说，需要将创意深入到服务和产品的各个方面。一般来说创新存在技术开发当中，但从核心竞争力构成来看，员工是企业发展的基本保障，员工不仅需要知识和技能，同时要树立创新意识，重视对员工的管理和生产能力的培养，以及培养企业文化和价值观，长年累月的重复性劳动仅能使工作更加熟练，而具有创新精神的劳动才能构建企业长远的品牌核心竞争力。

对于以设计师出身的创业者来说，设计思维是其商业上出奇制胜的法宝。创业型设计师不仅具有扎实的产品设计与开发能力，还需要具备丰富的设计师管理能力与企业运营管理经验，既重视和充分发挥个人的主动性和创造性，又重视和充分发挥集体的智慧和力量。以创业型设计师魏长文为例，所创办的两家企业在成立之初就将设计视为核心竞争力，他在管理工作中要求每个部门、每个岗位、每个员工都以创新的眼光去看待，将设计创意的基因融入企业的血脉，以此为基础塑造企业的创意文化，从而建立了以设计创意为核心的企业管理。

创业型设计师以设计思维为主线的企业管理是系统的、持续的，具备以下几个特点。

① 高层管理支持和参与企业创新活动。以设计创意为核心的企业管理是以自上而下的方式展开，工业设计出身的魏长文等创始人从来不缺乏创新精神，不仅在擅长的专业领域如此，作为公司的高层经常从战略和顾客需求出发评估企业的改进机会，同时以制度的方式激励员工识别生产、运营、服务中存在的问题，并针对所发现的问题进行评估并提出解决方案，而这种解决方案是系统性地、跨职能团队共同合作。陈兴博认为这种激励型的、基于系统性创新意识的管理创新能够培养企业文化、塑造核心竞争力，使企业具备巨大的竞争优势。

② 以设计创意为核心的企业管理靠团队合作来完成。对于具有互联网思维的

设计创始人来说，其发展思路及企业管理与传统性企业有一定的区别，企业管理活动由跨越许多职能部门、跨越线上线下的错综复杂的业务流程组成，将设计创意融入企业管理的过程是通过以设计的思维对这些业务流程的改进乃至重新设计来实现的，一个个人或单个部门很难完成。这种具有设计思维的跨职能团队、跨部门的合作是从系统的角度改进和优化流程的组织形式。

③ 基于设计创意的管理创新活动已经形成了良好的企业创新文化。管理层鼓励部门、跨职能团队及员工挑战现状和经验，用创新的思想、用设计思维分析，发现问题并提出改进建议，在整个过程中容忍失败和问题，给予主动思考的团队及员工更多的机会。

④ 制度的保障和科学的方法。专门的推进机制保障了基于设计创意的管理创新的开展。鼓励公司内部所有的部门、员工、团队主动思考工作中存在的问题并解决问题，仅靠自发的努力和口号是远远不够的，专门的创新推进机构、激励机制、项目管理制度和流程都是实施创新活动的基础和前提。当然，企业管理上的创新不能盲目地试错，管理创新必须在科学方法的指导下进行。目前魏长文创办的设计驱动型企业已经建立起了一套行之有效的系统机制，形成了以设计思维为指导的科学方法，同时初步建立系统的培训机制，对员工进行强化培训，形成了对"现状的不满-运用设计思维发现问题-争取使问题的存在获得内部与外部的认可-跨团队合作系统解决问题"的良性循环。

魏长文说："在我们公司，不仅我要有设计思维，要让所有的设计师乃至所有的员工都要有。"设计的本质是"创新"，是与社会发展、物质和精神文明建设联系极为紧密并能够符合时代特征和满足多种需求的。企业核心竞争力的构成包括更具话语权的设计部门、具有工匠精神的企业文化、设计为核心的品牌塑造及以设计思维为主线的企业管理（图6-6）。

图6-6 以设计为核心竞争力的构成（著者绘）

6.4 以设计为核心的产业链价值创新

2005年,托马斯·费里德曼在其所著的《世界是平的》一书中就颇有先见之明地指出了"全球一体化"的概念,讲述了以后的世界会由传统大规模的集中生产,转化为各个细小的生产单位,甚至到个人。每个人都是一个资源制造体,通过全球网络来分享和获取。正是互联网的迅速普及和高速发展,推翻了全球信息一体化的障碍。信息的传递速度和信息成几何级数增长,让极小的个体都能及时分享并加以利用。

睿智的中国领导层,也非常具有前瞻性地提出了围绕"互联网+"的一系列倡导意见,"大众创业、万众创新""中国制造2025计划""万物互联"等都强调了"无界"的概念。其中"十三五"的发展理念就是"创新、协调、绿色、开放、共享",更是说明无边界合作的重要性。

全球各种互联网工具也层出不穷,电商平台、支付平台、供求信息平台等,个体在这个巨大无比的信息平台上可以随时随地分享全球范围的信息和资源。互联网不仅带来信息的及时传递,还有各种个体或是个性化的需求,并产生各种针对细分人群的创新产品及服务。

浪尖董事长罗成提出:"以后的社会人人都是设计师,可以称之为大众设计师。"这里的个体可以是个人、团体,也可以是企业里的部门,甚至是需要跨行业服务的传统企业。他们的共同点都是追求创新设计、创新产品、创新服务,但是都缺少相应的落地能力。大众设计师的想法是无穷的、是没有边界的,他们的创意会体现到生活里各个角落。如果从纯粹的想法来比较,很多甚至会比我们这些传统的专业设计师更具创意。但大众设计师绝大部分因为专业的关系只能停留在想法阶段,他们需要专业的服务平台来继续往后延伸产业化。那么,如何通过提炼大众设计师的想法使之转化为商品进入全球市场流通呢?在这个层面上讲,将是个体和平台的结合。未来的竞争将是平台之间的竞争,而平台不会是一家企业,它会是一个资源整合的平台,所以也是资源整合的竞争。

专业的设计师将会是产品资源整合平台的核心,因为能成为专业,他们都要经过不同领域成百上千个产品的打磨,从需求起源、市场分析调研、市场定位(甚至是经营层面的定位)、工业设计研发、工程制造、生产制造乃至交付和市场销售。全产业的过程培养了专业设计师的全领域思维和跨行业的沟通能力,这在整个产业链的资源整合中起到至关重要的作用。

浪尖设计最早提出"全产业链创新服务"的概念,更是在此基础上提出并创立"D+M"服务平台。平台以设计、设计师为核心,在整合企业、科研机构和高校等协同创新资源的基础上为创客、创新、创业,提供系统性的产品落地和商业模式创新服务。

设计师具有产品思维与产业思维,能与产业链中各个层面的人员站在一个层面上沟通,并且在合作方式上可以彼此长期"共生",面向创新、创业,推动企业升级转型,打造以工业设计为核心的全产业链服务创新。"工业设计在产业上游,按道理应该起到组织资源的作用。但现状是,工业设计环节的体量比较小,力量不足,往往成为别的环节整合的对象。"罗成指出:"所以就设计谈设计,很难整合资源。必须把整个产业链的各个环节,如材料、研发、供应链、制造、营销、渠道、品牌等各方,都整合起来,才能真正发挥工业设计企业的价值。"工业设计的直接服务对象是"产品",所对应的是中国的制造业。当下的中国制造业正面临"转型升级"的漫长道路,是从研发设计,还是渠道推广,还是品牌塑造等方面进行突围?这是很多制造企业都在苦苦探索的问题。而工业设计可以说提供了一个可行的方向。"工业设计刚好是一个能够快速推动产品迭代,企业发展的手段。良好运用工业设计,可以成为企业一种低成本高效率的手段。"共享经济时代,以"设计"在产业链中先期介入、设计师在产品落地时需要全程服务跟踪的优势有效整合资源,结合产业创新发展的需求及特点,组合相应服务模块,最大化发挥设计的优势,整合制造业产业链中的各个环节,实现更高价值。

6.5 设计师价值反思

6.5.1 商业语境中的设计活动

除了少数因爱好和兴趣的设计工作,大多数设计师都是在某种形式的组织里工作,几乎无法对设计做出独立的决策,因此,设计师为客户(clients)或雇主(employers)工作的商业语境才是设计实践的主要舞台。在具体的组织里,设计师工作的条件也千差万别,组织的设计意识与设计管理方式的不同,导致设计师能够发挥的作用存在很大的不确定性。一部分产业中的设计师,对设计的理解过多与商业、市场相联系,诸如"最美的曲线是销量增长的曲线""好的设计就是好的生意"等,这类观点明显表现为强调设计的商业化或者说设计对商业的直接影响。设计定义商业化代表人物,既有美国现代设计早期的设计师雷蒙德·罗维,也有IBM前董事长与CEO托马斯·沃森(Thomas Jr. Watson)等。在设计的发展历程中,这类观点曾经遭遇了严厉的批评,帕帕奈克提倡"为真实的世界设计"就是指过度关注商业中的设计以及为消费而设计,使得设计师忽略了自身的社会责任。但作为一种职业与生存手段,设计不可避免地与商业捆绑在一起,尽管商业不是设计的全部,但在大多数产业现实中,商业与销售对设计具有决定性的影响,而且大众也是通过消费的途径来获得对设计的感受,设计商业化的观点在大众消费层面有较广的影响力。

在商业语境中谈论设计及设计师,需要超越传统的形式与功能来讨论实用性与意义性,进而区别于短暂和持久。在设计的发展史中,帕帕奈克谴责设计商业活动中"有计划的废止",设计应该关注人们长久的需求而不是转瞬即逝的需求与冲动,但是"帕帕奈克的立场完全是反对资本主义经济体系以及该体系下的设计作用,并完全否认了这两者的优点和有益影响"。有很多设计师提倡以更具温和与包容性的态度接受任何语境中的设计，尤其关注商业设计中对人类社会更积极的一面。以美国为例，众多研究者、高校的设计教育均看重设计实践的商业语境，曾任伊利诺伊理工大学设计学院院长的杰伊·达布林，深受设计方法研究运动的影响，他认为解决问题的活动必以理解问题为先导，尽管绝大多数设计问题都可以通过设计训练、经验与直觉来解决，但是随着世界及其设计问题变得越来越复杂，传统的方法已经逐渐无效。结合美国商业设计实践，达布林主张基于实践的方法总结与理论建构，形成一种理解问题的结构，并帮助生成新的解决方法，与查尔斯·欧文（Charles Owen）等教授一同在设计界开创了以商业研究和设计方法工具积累的杰出成绩。这些学者强调设计对经济的价值贡献，并逐步走向设计方法与商业战略的结合，产生了创新咨询这一与设计师相关的新的职业领域。《101种设计方法》(101 Design Methods[1])一书就是集合了伊利诺伊理工大学设计学院几十年的教学研究与达布林创新咨询公司（Jay Doblin Innovation Consultant）实践设计方法论的成果。

　　商业语境中的设计是以大量不同的形式存在于企业中的，设计可能是企业中一个独立的职能部门，或隶属于某一相关的子部门，如某企业独立的设计部或某企业研发部的设计团队，也有可能是分散于大型集团企业的各部门，某集团公司某类产品部门的设计机构。另外，不同的公司可能会采用不同周期或时间线的设计解决方案。比如德国梅赛德斯公司注重长期的解决方案，新产品上市频率不高，但每款产品的市场生命线都比较长且可识别性高，采取的是集中化控制与管理的设计策略；但是美国的通用汽车公司，设计责任分别属于不同品牌的研发部门，属于短期革新策略，每年都会有多款新车上市，产品不断变异求新是企业的设计策略。而另外一些非制造类企业，如服务业或快餐、石油等特许经营公司，设计的作用主要体现在建立和维持企业形象与服务等基本标准的统一。

　　设计以不同的形式出现在各类企业，都体现了设计在各类商业中的重要作用，

---

[1] 维杰·库玛是伊利诺伊理工大学设计学院的教授，同时也是达布林创新咨询公司的创新方法研究带头人。而达布林创新咨询公司是由杰伊·达布林在1981年创立的，公司现任董事长拉里·基利（Larry Keeley）是达布林的学生，也是伊利诺伊理工大学设计学院的兼职教授。

那为什么这些企业会认为设计很重要呢？为什么又有诸多的公司根本不重视设计呢？商业语境下的设计可以作为一种意识和思维，与决定企业生存的竞争力联系在了一起。索尼公司是日本经济崛起的代表性企业，受美国的影响，在产品研发中心始终重视设计，强调高标准的产品形式与传达，在20世纪70年代对众多欧洲同类产品生产企业造成了很大的冲击。有的企业在遭遇危机时候，设计的作用才得到了明显的体现。设计并不是化解危机的灵丹妙药，企业应在产品开发与管理中始终具有良好的设计意识。还有一些生产制造企业选择更灵活的设计管理策略，以外包的形式灵活调整企业的设计需求，此时设计实践的商业语境，就有了设计公司的参与，也叫作设计咨询公司、设计顾问公司或设计事务所。如德国青蛙（FROG）设计公司和美国IDEO设计创新公司，为全球众多著名企业提供过设计服务。还有一类是以设计著称的独立品牌公司，由设计师成立的专门类型的产品研发与销售企业。比如英国工程师詹姆斯·戴森（James Dyson）发明设计的吸尘器，这是当时英国创意经济的典型企业、典型设计师与典型产品。如今不只是吸尘器，该企业的多个产品都是行业的标杆，戴森正在一步步地实现曾经的誓言——"要成为世界家用电器行业最大的制造商"。

因此，商业语境中的设计并不是一味追求利润和消费主义驱动下的设计，而是以商业设计与产品研发满足用户需求、提升生活品质、推动行业进步、促进经济发展。商业语境下的设计活动不能完全以道德话语与消费话语对设计本质进行认知，而可以使用"实用性与意义性"将两套话语（道德话语与消费话语）中积极的一面融合在一起。

6.5.2 设计活动与设计物的价值

设计活动就是设计师的核心工作，这些工作有时候很难观察到，因为大量的设计活动是一种智识型的脑力与思想的活动，有的设计工作要持续很久，有的可能是灵感显现，很快就完成了，也有时候设计活动是保密的。所以大多数史学家只能通过观察设计的结果与设计过程的产物来大致了解设计活动，如图纸、模型和会议记录等。

有的设计师通过洞察人们的生活，以设计结果形成一些不明显的生活问题的解决方案，也就是这些作品满足了用户未曾意识到的需求，这正是设计最富有革新精神的作用之一（one of the most innovative roles of design）。设计师的职业活动与设计意义的关系，有的是设计师通过有意而为之的添加意义以增加设计附加值，就像阿莱西公司的大多数产品；有的是设计师通过商业合作模式的途径来实现对作品完整性的控制，斯蒂分·皮尔特（Stephen Peart）以高度的商业敏感度对设计创意进行充足的把控；也有的是设计师深思熟虑后的控制，让产品仅在必要时提供高效的功能，正如拉姆斯对好的产品使用了"优秀的英国管家"的比喻，他所服务的博朗公司就是最好的证明；也有的设计师与制造商采用截然相反的策略，产品在使用时高效、闲置时也有具有视觉欣赏性，如20世纪末斯特凡诺·马扎诺及其指导的飞利浦公司的产品。

"通过形式增加价值"的理念已被大量公司所采用，为利润率较低的产品注入附加值。尽管这种强调意义的理念，对设计师而言可以很好地彰显个性与形式表达，但消费者也受到了更为强烈的控制，完全按照设计师预先设定意义理解产品，形成了所谓的"设计师品牌"。但在商业语境中，设计活动、设计物更应该强调设计的实用性，针对后现代主义一些强调设计的语义价值而不是实用价值的观点，部分学者提出了不一样的看法，比如赫斯科特以法国设计明星菲利普·斯塔克（Philip Starke）为阿莱西（Alessi）公司设计的"Juicy Salif"柠檬榨汁器为例，采用了惯用的非设计描述语来介绍该产品，直接指明这是一个让商家获利而非为顾客服务的低效产品，"或许'剥削器'（squeezer）的名称更适合它"。由此可见，即使在商业语境中"设计师品牌"也仅仅是人们炫耀性消费的表现，但这并不是全部的"以设计师为中心"的方法。

通常人们认为设计师像艺术家一样，通过作品张扬个性，因为大多数设计文献和媒体报道等都将设计指向了"某位设计师"，而实际上设计师的工作与艺术家的个人化创作时截然不同的。赫斯科特说，"因为很多成功设计师的'个性'大多体现在富于创意的管理中而非实际的设计工作中，所以强调个性本身是有问题的。"对个性与符号意义的强调，遮蔽了大多数设计师的团队工作，包括组织管理与过程控制。在物品的生活使用中，大众也有机会参与到设计的特定用途之外的建设，如一把用于坐的椅子，还可以用来堆放东西、挂衣服、垫脚等。当设计以物的形式进入民众生活，用户可以根据实际使用情况，发挥更多的潜在价值。马格林和布坎南认为设计及其实用艺术的全部意义在于，"它们使人变得更文明，更能在日常经验中发现意义并实现价值"。那么，优秀的设计作品在民众的精神生活中的作用，就与杭间提出的设计的"生活启蒙"相一致。经过对设计职业活动的调研及考察，设计与艺术虽然有关系但是是否从属于艺术值得商榷，"设计所有的表现形式不过是种种选择的结果"，因此，在商业语境中更加强调设计的经济价值，是设计师"应该通过美学和经济维度的表达从而具有真正价值的内容。"因此，跨设计学与经济学的研究对于评估设计的价值是非常有必要的。

设计物是经济活动中设计职业的产物、销售环境中用于交换的商品，但是被用于商业目的的后现代设计理念将产品变成"无用、昂贵且难求的产品"，以及媒体广告中将物过度描绘为"被光环笼罩的、令人崇拜的"是不值得推荐的。设计物品一旦成为设计史或各种学者的研究对象时，一定要警惕商品拜物教的倾向和"陷入一种鉴赏家身份的形式中"。约翰·沃克也有近似的观点："设计物品是整个关系网的核心，而这个关系网就是设计史学家要讨论的对象。设计物品是研究的起点或重点，但不是终点。"这种对设计物品的历史研究态度回应了让·鲍德里亚对实证研究对象的看法："研究对象之间无论是联系还是矛盾等不同类型的关系及其意义，都是围绕着一种隐藏的逻辑在运转，这种隐藏的逻辑组织了研究对象之间的各种关系，也是关联着其外部话语。"

6.5.3 设计师职能转变

1982年英国政府在唐宁街10号举行了设计研讨会，说明政府更加重视设计，并且认识到了设计的"附加价值"在推动商业和国家经济的成功中的关键作用。撒切尔强调，对于英国来说，"（工业设计师）在一定程度上甚至比首相的工作更为重要"，次年（1983年）还为设计委员会出版的杂志《设计》撰写了专稿，阐述了对设计及其作用的理解，"设计是一种创造财富的活动""好的设计，使人民愿意购买产品，并给予产品好的声誉。设计是我们工业前途的根本"。

在20世纪80年代的撒切尔政府所推崇的"设计师十年"中,"设计"作为一个重要术语出现在日常生活中广泛的产品、行为和服务中。这些政府层面的活动,一方面反映了国家最高权力机构对设计的肯定,对设计师价值创造的肯定,另一方面也为未来设计开拓出一些方向。设计实践是一种复杂的商业活动,设计作为一类职业,是经济生活的一个重要组成部分。在设计实践的多重语境中,设计师的职能与其所在的组织机构的属性和整个产业环境的设计意识有很大关系。

1960年赫伯特·拜耶(Herbert Bayer)在日本举办的"世界设计大会"上发言,认为设计是经济与人类生存关系所形成的,对赋予物质形状的人要承担相应的责任。换言之,拜耶认为在当时的经济生活中,设计师的主要职能是"赋予物质形状"的人。以形式与设计师职能的关系来划分,赫斯科特在面向公众的设计通识读物中,将设计师可以分为赋形者(form giver)和使能者(enabler)[1]设计师作为赋形者,其设计结果的形式是不能改变的,用户只能选择接受或拒绝;当新技术介入后,设计师作为使能者,其设计结果可以由用户重新改造和变更,实现不同的用户目的。从设计师到用户之间的理念表达、价值传递等沟通从单向输出,出现了一定的互动与反馈。帕帕奈克曾提到在面对真实的设计需求与实际使用者时,设计师的角色要调整,以"促进者"(facilitator)的角色将人们的需求带给物品的制造商与政府机构等。随着设计的发展与用户需求研究的深入,设计师角色也在发生着不断的转变,2005年汕头大学举办的设计教育论坛上有论点表明设计师正在从"形式创造者"(form creator)转变为"系统创造者"(system creator)。

面向设计专业学生的课程教育,设计师角色转化为不同组织属性与实践层次中的设计职能。2005年英国政府的设计研究报告中,根据设计管理中对组织属性的划分,重新定义了设计师在四种类型组织中的职能(图6-7),分别是在原始设备制造(OEM)组织中设计师作为阐释者(interpreter)、在原始设计制造(ODM)组织中设计师作为区分者(differentiator)、在原始品牌制造(OBM)组织中设计师作为系统创造者(system creator)、在原始策略制造(OSM)组织中设

---

[1]《设计无处不在》将form givers译为"形式制定者",enablers译为"形式提供者",此处为作者根据原著的改译,并且取单数形式作为一种通用概念。

计师作为规划者（planner）[1]。如图6-7所示充分说明了在商业语境中，设计师处在不同的组织机构中，其职能与所发挥的作用差别很大，当组织发生转型时，设计师则需要储备新的知识与技能以适应组织需求。这四种不同的设计师职能代表了设计专业学生有可能的职业前景。设计师的职能与职业发展，在某种程度上取决于设计师"非设计"的知识、能力与素养。

图6-7 不同经营模式组织中设计师的职能

　　设计师职能的划分在面向公众层面的设计作用解释中需要做简化处理，如通过设计作品指向的群体可以分为面向发达工业化社会的主要群体、面向第三世界的主要群体以及弱势群体和各类环境和城市问题等。尽管这些也是复杂的社会问题和经济问题等，但是设计师的工作对经济文化中所起的作用依然不容小觑，完全的用户立场也不是设计师应该持有的基本观点，有的设计师的工作主要是满足富有阶层的奢侈消费需求，因此设计师应该基于用户的生活需要，提供问题的创造性解决方案。但设计不应该仅仅是一种商业行为，设计在未来所扮演的角色，还取决于设计师的领域拓展与在不同领域的工作发挥。

---

[1] 此处结合了《约翰·赫斯科特读本》以及刘曦卉在其著作《设计管理》中的相关描述。

后记

有不少学者认为中国的现代设计在民国后由于各种历史原因发生了中断,直到1978年改革开放以后,现代设计才获得了重新发展的土壤。我对这个观点始终不敢苟同。

1949年中华人民共和国成立,国家经济百废待兴,一切经济文化的重新建设都离不开设计,从事设计的人在当时不叫"设计师",而是称呼他们为"美工"。"美工"也就是美术工人,今天依然有人会惯性地把设计师叫做"美工",同时也会引来设计从业者们内心的鄙视。然而在那个年代,工人阶级是无产阶级,是最具自豪感的人群,因此"美工"本意上是一种令人自豪的职业工人。

"美工"还有另外一层含义,那就是"创造美的工匠"。工匠是中国自古以来的职业之一。在元朝的时候,人们所从事的职业分为十个等级,也就是"十流",工与匠位列第六与第七。古代民众的总称"四民"的流传度似乎更高,即士农工商,做官的、务农的、百工与经商的。美工就是百工中的一部分,工匠按照技艺水平也有所区分,哲匠、巧匠、匠人、匠师、百工、工人等。

中华人民共和国成立70多年来,伴随着众多美工的努力,民众的生活越来越丰富多彩,当然更大、更快的变化是发生在改革开放以后。正如设计史学家所认为的"设计不会在文化真空的环境中产生,它是人类文明的映射,是各种观念、看法和价值判断的载体"。设计活动参与了物的设计与制造,物品与服务中凝结了劳动价值与交换价值,设计是一种经济活动。设计师的力量蕴含其中!

本书中所选取的设计师案例全部来自中国,而且都是2000年以后成长起来的设计师。他们不是很老道,也就十多年的工作经验;他们也不是很年轻,是很多九零后、零零后的大哥哥大姐姐;他们不是很成功,在各种财富排行榜上还找不到一丝设计师的影子;他们在持续地成长,见证了多个行业的发展兴衰,还在坚持设计的理想!在中国,像他们这样的设计师还有很多很多,他们只是其中极小的一部分。

本书谨献给那些在工作岗位上兢兢业业的设计师,也献给我与设计相伴的美好时光!

参考文献

[1] 陈捷.产品设计视野下的资源因研究[D].武汉：武汉理工大学，2014.

[2] Heskett J. Past, Present, and Future in Design for Industry[J]. Design Issues，2010，17（01）：18.

[3] 马格林，布坎南.设计的观念：《设计问题》读本[M].张黎，译.南京：江苏凤凰美术出版社，2018：127，224，234.

[4] （唐）魏徵，虞世南编.群书治要译注[M].《群书治要》学习小组，注.北京：中国书店出版社，2013：53-55.

[5] 索绪尔.普通语言学教程[M].高名凯，译.北京：商务印书馆，1999：161.

[6] 纳吉.运动中的视觉：新包豪斯的基础[M].周博，译.北京：中信出版社，2016：03.

[7] 第亚尼.非物质社会[M].滕守尧，译.成都：四川人民出版社，2008：13.

[8] 西蒙.人工科学[M].武夷山，译.北京：商务印书馆，1987：2.

[9] 中央美术学院设计学院史论部编译.设计真言[M].南京：江苏美术出版社，2010：6，576.

[10] Khurana A, Rosenthal S R. Towards Holistic "Front-end" in New Product Development[J]. Journal of Product Innovation Management, 1998, 15（1）: 57-74.

[11] Bonnardel N. Towards Understanding and Supporting Creativity in Design：Analogies in a Constrained Cognitive Environment[J]. Knowledge Based Systems. 2000，13（07）：505-513.

[12] 李鸿飞.地域文化特色下的甘肃酒包装设计研究[D].西安：西北师范大学，2016.

[13] 尼尔森，司杜特曼.一切皆为设计：颠覆性设计思维与设计哲学[M].俞强，译.北京：人民邮电出版社，2018：12-25.

[14] 陈红玉.20世纪后期英国的设计理论及其历史地位[J].装饰，2014（11）：33-37.

[15] 曹琦，李晓斌.设计并不重要——香港创意人的设计反思[M].重庆：重庆出版社，2013：9.

[16] 迪诺特. 约翰·赫斯科特读本：设计、历史、经济学[M]. 吴中浩，译. 南京：江苏凤凰出版社，2018：14，226.

[17] 张弘韬. 设计师创意驱动力研究——基于设计管理的视角[D]. 武汉：武汉理工大学，2014：24-26，30-33.

[18] 赫斯科特. 设计无处不在[M]. 丁珏，译. 南京：译林出版社，2013：4，5，38，45，126.

[19] 康威. 设计史（学生用书）[M]. 邹其昌，译. 北京：高等教育出版社，2007：77，83.

[20] 许平. 作为自由理性的设计——重读《野性的思维》及其他[J]. 装饰，2018，305（9）：23.

[21] 帕帕奈克. 为真实的世界设计[M]. 周博，译. 北京：中信出版社，2013：3，7.

[22] 马格林. 设计问题：历史·理论·批评[M]. 柳沙，张朵朵，译. 中国建筑工业出版社，2010：24.

[23] 克洛斯. 设计师式的认知[M]. 任文永等译. 武汉：华中科技大学出版社，2013：08-12.

[24] 布朗，布坎南. 设计问题（第一辑）[M]. 辛向阳，孙志祥，代福平，译. 北京：清华大学出版社，2016：21-25.

[25] 赵伟. 广义设计学的研究范式危机与转向：从"设计科学"到"设计研究"[D]. 天津：天津大学，2012.

[26] Skull J. Key Terms in Art Craft and Design[M]. Elbrook Press，1988：57.

[27] 沃克，阿特菲尔德. 设计史与设计的历史[M]. 周丹丹，易菲，译. 南京：江苏美术出版社，2011：34，60.

[28] 李良瑾. 大匠造物，成器之学——墨子造物思想刍议[D]. 上海：上海师范大学，2010：12-15.

[29] 佩夫斯纳. 现代设计的先驱者[M]. 王申祜，王晓京，译. 北京：中国建筑工业出版社，2004：19-25.

[30] Silvermintz D. Plato's Supposed Defense of the Division of Labor：A Reexamination of the Role of Job Specialization in the Republic[J]. History of Political Economy，2010，42（04）：72–74.

[31] 孙海婴. 近代中国"设计"概念的诞生[J]. 装饰，2009（04）：45-48.

[32] 钱凤根. 设计史若干问题谈[J]. 汕头大学学报，2006（06）：76-78.

[33] 斯帕克. 英国设计——从威廉·莫里斯到今天[J]. 装饰，2014（11）：24-26.

[34] 蒋晓雯. 社会分工视阈下中国古代设计艺术的历史演变[J]. 华中农业大学学报（社会科学版），2008（12）：14-17.

[35] 李砚祖. 设计与手作——手作的社会学与哲学分析[J]. 美术与设计，2015（08）：21-23.

[36] 樊雨，郭线庐. 工匠精神设计价值论[J]. 包装工程，2017（14）：67-69.

[37] 康殷. 文字源流浅说[M]. 北京：荣宝斋出版社，1979：200.

[38] （汉）许慎. 说文解字[M]. 北京：中华书局，1963.

[39] 刘敦愿. 美术考古与古代文明[M]. 台北：允晨文化公司，1994：277.

[40] 尹定邦. 设计学概论[M]. 北京：人民美术出版社，2012：158，182.

[41] 李朝晖. 设计表现技法[M]. 成都：西南交通大学出版社，2007：01.

[42] 王保国，王伟灯. 钱学森系统科学思想在人机环境系统工程中的应用[J]. 华北科技学院学报，2014（8）：1-4.

[43] 王立刚，袁修干，杨春信. 人-机-环境系统设计中人的性能研究[J]. 北京航空航天大学学报，1997（05）：535-538.

[44] Buchanan R. Wicked Problems in Design Thinking[J]. Design Issues, 2008（02）：5-21.

[45] 钱晓波. 将设计思维融入企业文化的挑战和展望[J]. 装饰，2018（04）：90-93.

[46] 李轶南. 设计思维新向度：从组织设计到开放式创新[J]. 美术与设计，2020（01）：85-90.

[47] Rand P，Bierut M. Thoughts on Design[M]. Chronicle Books, 2014：08.

[48] 柳翰. 以生态文明和社会责任应对家具贸易壁垒[J]. 林产工业，2009（05）：7-11.

[49] 孙跃杰. 洛阳156工业遗产群历史研究与价值剖析[D]. 天津：天津大学，2016：98-102.

[50] 薛林荣. 鲁迅设计北大校徽[J]. 传承，2010（04）：42-43.

[51] 黄艳华. 鲁迅装帧设计师身份的解读[J]. 创意设计源，2017（02）：12-18.

[52] 牟琪. 鲁迅书籍设计及其影响研究[D]. 北京：北京印刷学院，2019.

[53] 王妍青. 庞薰琹民族性装饰艺术思想研究[D]. 南京：南京大学，2013.

[54] 曹宇. 观往知来——论庞薰琹的工艺美术思想[J]. 上海工艺美术，2016（04）：2-5.

[55] 恒多. 杭稚英[J]. 装饰，2008（07）：69.

[56] 刘寿荫，关树文，朱志俭. 东方-YZ10型轮式震动压路机——一次成功的农用拖拉机变型实例[J]. 拖拉机，1988（04）：54-57，65.

[57] 伍德汉姆. 20世纪的设计[M]. 周博, 译. 上海: 上海人民出版社, 2012: 213.

[58] 中国工业设计协会. 中国工业设计协会[EB/OL]. [2020-4-30]. http://www.chinadesign.cn/xhjs/index.jhtml.

[59] 肖兴志. 产业经济学: 第二版[M]. 北京: 中国人民大学出版社, 2016: 1-2.

[60] 王鑫. 基于产业经济福利水平测度提升策略[J]. 大陆桥视野, 2017（11）: 62-65.

[61] 石晨旭, 祝帅. 中国平面设计产业研究[M]. 北京: 北京大学出版社, 2017: 01-03, 17-21.

[62] 王国华, 李世忠. 艺术设计创意产业研究[M]. 北京: 中国文史出版社, 2014.

[63] 李昂. 设计驱动经济变革——中国工业设计产业的崛起与挑战[M]. 北京: 机械工业出版社, 2014: 27-28, 54-56.

[64] 季倩. "设计之城"与城市共生的设计产业[M]. 南京: 东南大学出版社, 2014.

[65] 成乔明. 设计产业管理: 大国战略的一个理论视角[M]. 北京: 中国社会出版社, 2017: 09-10.

[66] 沈榆. 工业设计中国之路[M]. 大连: 大连理工大学出版社, 2017.

[67] 柳冠中. 中国工业设计断想[M]. 南京: 江苏凤凰美术出版社, 2018.

[68] 刘曦卉. 英国设计产业发展路径[J]. 艺术与设计（理论）, 2012（05）: 45-47.

[69] 陈圻, 陈国栋, 郑兵云, 吴讯. 中国设计产业与工业的互动关系研究[J]. 管理科学, 2013（03）: 77-85.

[70] 路甬祥. 设计的进化与价值[J]. 中国工程科学, 2017（03）: 1-5.

[71] 朱焘. 中华民族的复兴和中国设计的崛起[J]. 创意设计源, 2012（06）: 10-15.

[72] 唐林涛. 种子、土壤与气候——中国设计产业的未来发展之路[J]. 装饰, 2014（06）: 84-85.

[73] 祝帅, 郭嘉. 创意产业与设计产业链接关系的反思[J]. 设计艺术研究, 2011（01）: 19-24.

[74] 邹其昌. 关于中外设计产业竞争力比较研究的思考[J]. 创意与设计 2014（33）: 19-27.

[75] 张馥玫. 20世纪中国产业环境下的设计体制研究——以上海日化等行业的设计发展为例[D]. 北京: 中央美术学院, 2014.

[76] 陈圻, 王汉友, 陈国栋, 周海海. 中国设计产业竞争优势研究——基于钻石模型的双结构方程检验[J]. 预测 2016（03）: 19-25.

[77] 邹其昌, 华沙. 工匠文化与中国设计产业发展战略[J]. 中国艺术, 2017（09）: 48-51.

[78] 潘鲁生. 传统文化资源转化与设计产业发展——关于"设计新六艺计划"的构想[J]. 山东社会科学, 2014（06）: 87-92.

[79] 余同元. 中国传统工匠现代转型问题研究[D]. 上海: 复旦大学, 2005.

[80] 李宏伟, 别应龙. 工匠精神的历史传承与当代培育[J]. 自然辩证法研究, 2015, 31（8）: 54-59.

[81] 孙清华. 西方国家的工匠精神及其当代传承[J]. 思想教育研究, 2016, 267（10）: 41-44.

[82] 李砚祖. 工匠精神与创造精致[J]. 装饰, 2016, 277（5）: 12-14.

[83] 唐林涛. 设计与工匠精神——以德国为镜[J]. 装饰, 2016, 277（5）: 23-27.

[84] 北京市统计局, 国家统计局北京调查总队. 设计产业统计分类（试行）[EB/OL]. [2017-8-25]. http://tjj.beijing.gov.cn/zwfw/sjbs/ndbfw/zbjd_31416/202003/t20200321_1723814.html.

[85] 黄雪飞. 工业设计产业竞争力的基本内涵、特征及理论构架[J]. 创意与设计, 2016（02）: 15-20.

[86] 胡鸿. 中国服务设计发展报告——基于现代服务业的中国设计产业研究[M]. 北京: 电子工业出版社, 2016.

[87] 盐野米松. 职人气质是日本人的国民性[J]. 张韵薇, 译. 中华手工, 2016（4）: 36-39.

[88] 胡立彪. 日本企业的"职人精神"[N]. 中国质量报, 2012-8-13.

[89] 沈壮海. 文化强国建设的中国逻辑[N]. 人民日报, 2016-9-21.

[90] 杭间. "设计史"的本质——从工具理性到"日常生活的审美化"[J]. 文艺研究, 2010（01）: 116-122.

[91] 向勇. 发展文化产业学论纲[J]. 探索与争鸣, 2015（11）: 102-108.

[92] 李砚祖, 张黎. 多维身份视域中的设计——以战后德国的设计发展为例[J]. 南京: 南京艺术学院学报（美术与设计）, 2013（3）: 5-11.

[93] 武月琴. 略论设计以"民"为本[D]. 武汉: 武汉理工大学, 2007.

[94] 王焯. "工匠精神": 老字号核心竞争力的企业人类学研究[J]. 广西民族大学学报（哲学社会科学版）, 2016（07）: 101-106.

[95] 朱尽晖. 一带一路: 中国工匠精神的筑梦空间[J]. 装饰, 2017（01）: 74-76.

[96] 宗明明, 王柔懿. 历史的片段——德国工业设计思想形成轨迹一瞥[J]. 设计, 2015（01）: 50-59.

[97] 多默. 现代设计的意义[M]. 张蓓, 译. 北京：译林出版社, 2013：02.

[98] 郭梅君. 创意产业发展与中国经济转型的互动研究[D]. 上海：上海社会科学院, 2011：164-165.

[99] 赫斯科特, 迪诺特, 博兹泰佩. 设计与价值创造[M]. 尹航, 张黎, 译. 南京：江苏凤凰出版社, 2018：27.

[100] 陈晓田, 杨列勋. 技术创新十年[M]. 北京：科学出版社, 1999.

[101] 纪慧生, 陆强, 王红卫. 产品开发过程的知识创新螺旋研究[J]. 科学管理, 2011, 32（09）：22-25.

[102] 曾武. 企业产品创新能力和产品创新及工艺创新模式的关系研究[D]. 武汉：华中科技大学, 2012：5-10.

[103] 胡淑华. 产品创新管理[M]. 北京：科学出版社, 2000：37.

[104] 查尔莫斯. 科学究竟是什么?[M]. 查汝强, 译. 北京：商务印书馆, 1982.

[105] Pearsall J. 新牛津英语词典[M]. 上海：上海外语教育出版社, 2001.

[106] 丁长青. 科学技术学[M]. 南京：江苏科学技术出版社, 2003：8-12.

[107] 肖磊. 产品创新：理论和应用研究——基于马克思经济学的逻辑[D]. 成都：西南财经大学, 2014：8-12.

[108] 孟捷. 产品创新：一个马克思主义经济学的解释[J]. 当代经济研究, 2001（03）：35-38.

[109] 林岗, 张宇. 生产力概念的深化与马克思主义经济学的发展[J]. 教学与研究, 2003,（09）：5-10.

[110] 张鹏. 走向人性化的科学技术 关于科学技术的哲学审视[D]. 长春：吉林大学, 2015：33-35.

[111] ICSID. Definition of Design[EB/OL]. ［2012-12-31］. http://www. icsid. org. html.

[112] 张磊, 葛为民, 李玲玲, 等. 工业设计定义、范畴、方法及发展趋势综述[J]. 机械设计, 2013, 30（08）：97-99.

[113] 柳冠中. 当代文化的新形式——工业设计[J]. 文艺研究, 1982（06）：72-84.

[114] 柳冠中. 工业设计的再设计[J]. 装饰, 2001（02）：3-4.

[115] 诺曼. 情感化设计[M]. 北京：电子工业出版社, 2005.

[116] 柳冠中. 论重组资源、知识结构创新的系统设计方法——事理学[J]. 湖北美术学院学报, 2004（2）：3-4.

[117] 刘烨. 马斯洛的人本哲学[M]. 呼和浩特：内蒙古文化出版社，2008.

[118] 柳冠中. 原创设计与工业设计"产业链"创新[J]. 美术学报，2009（1）：11-13.

[119] 李彦. 产品创新设计理论与方法[M]. 北京：科学出版社，2012.

[120] Erzurumlu S S, Erzurumlu Y O. Sustainable Mining Development with Community Using Design Thinking and Multi-Criteria Decision Analysis[J]. Resources Policy, 2015, 46（02）：6-14.

[121] 唐林涛. 设计事理学理论、方法与实践[D]. 北京：清华大学，2004：91-92.

[122] 庄锡昌. 多维视野中的文化理论[M]. 杭州：浙江人民出版社，1987：115.

[123] 许喜华. 工业设计概论[M]. 北京：北京理工大学出版社，2008：25-28.

[124] 潘云鹤. 文化构成[M]. 北京：高等教育出版社，2011.

[125] 胡毅. 论设计与艺术、科技、经济、文化的关系[J]. 艺海，2014（11）：181-183.

[126] 柳冠中. 设计：人类未来不被毁灭的"第三种智慧"[J]. 设计艺术研究，2011（1）：1-5.

[127] 宋慰祖. 大众创业、万众创新，设计是方法[J]. 装饰，2016（09）：20-22.

[128] 杨公朴. 产业经济学[M]. 上海：复旦大学出版社，2005.

[129] 邴红艳. 品牌竞争力影响因素分析[J]. 中国工程科学，2002，5（5）：79-87.

[130] 陈鼎藩，赵金刚. 如何构建品牌核心竞争力[J]. 技术经济与管理研究，2003（03）：103.

[131] 姜岩，董大海. 消费者视角下的品牌竞争力界定、生成与评价[J]. 华东经济管理，2008，22（4）：107-111.

[132] 王琦，余明阳. 品牌竞争力层级评估模型理论初探[J]. 市场营销导刊，2007（6）：54-56.

[133] 刘石兰，郝斌. 消费者创新性对新产品创新性行为的权变影响[J]. 科学学研究，2012，30（2）：312-320.

[134] 吴波. 消费者品牌感知研究——对品牌意图能动框架的延伸[J]. 市场营销，2015（02）：87-91.

[135] 何佳讯，才源源，秦翕嫣. 中国文化背景下消费者代际品牌资产的结构与测量——基于双向影响的视角[J]. 管理世界，2011（10）：70-81.

[136] Heskett J. Industrial Design[M]. London：Thames & Hudson，1980：206.

[137] 库玛. 企业创新101设计法[M]. 胡小锐，黄一舟，译. 北京：中信出版社，2014.

[138] 鲍德里亚. 符号政治经济学批判[M]. 夏莹，译. 南京：南京大学出版社，2009：63.